알아두면 쓸모 있는 초등학생을 위한 과학 사전

아는 만큼 보이는 과학 500

글쓴이 댄 그린 | 옮긴이 서나연

다섯수레

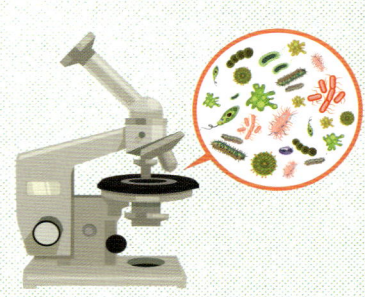

Micro Facts! 500 Fantastic Facts About Science

Copyright © Arcturus Holdings Limited
www.arcturuspublishing.com
All rights reserved.

Korean translation copyright © 2024 Daseossure
License arranged through KOLEEN AGENCY, Korea.
All rights reserved.

이 책의 한국어판 저작권은 콜린 에이전시를 통해 저작권자와 독점 계약한
다섯수레에 있습니다. 저작권법에 의해 한국 내에서 보호를 받는 저작물이므로
무단 전재 및 복제를 금합니다.

목차

1 생물 04
생명은 어디에서 시작됐을까요?
가장 오래된 생물은 무엇일까요? 공룡은 정말로 멸종됐나요?

2 지구와 우주 54
지구와 태양계를 탐험해요.
지구의 핵으로 들어가 보아요!

3 우리의 몸 104
혈액과 뼈와 근육을 들여다보아요.
사람들은 왜 재채기를 할까요? 동물도 웃음을 터트릴까요?

4 물질과 반응 154
금속은 왜 반짝일까요?
바나나에 방사성 물질이 있다고요?

5 발명과 발견 204
근사한 건축물, 최첨단 기술로 만든 로봇,
그리고 컴퓨터의 세계까지 살펴보아요!

6 보이지 않는 과학 252
가짜 약으로도 치료가 될까요?
평행 우주가 있나요? 암흑 에너지는 무엇일까요?

용어 설명 302

생명체는 모두 유전 정보를 담은 세포들로 이루어져 있어요

유전 정보는 'DNA'라는 분자에 담겨 있지요!

우리 몸의 설계도

DNA는 유전 정보를 담고 있는 분자로, 꽈배기처럼 꼬인 기다란 사다리 모양이에요. 우리 몸을 이루는 세포의 핵 속에 있지요. DNA에는 눈동자 색, 곱슬머리, 키처럼 유전적 형질을 결정하는 '유전자'가 들어 있어요. 실처럼 꼬여 있는 DNA의 집합을 '염색체'라고 불러요.

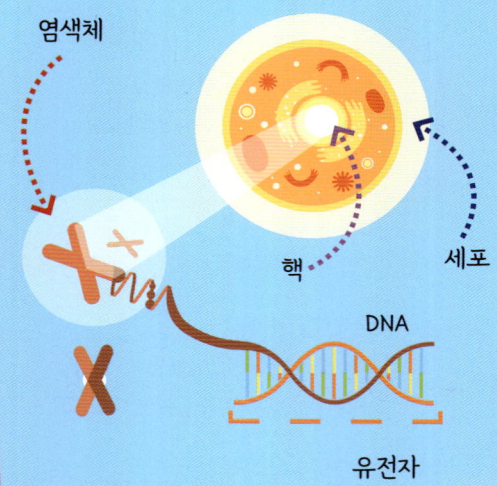

염색체, 핵, 세포, DNA, 유전자

똑 닮았네!

우리는 살면서 부모님을 닮았다는 소리를 자주 들어요. 부모님이 가지고 있는 특성이 자식에게 전해지기 때문이지요. 사람의 염색체 수는 46개인데, 어머니와 아버지에게 각각 23개씩 물려받아요.

광합성으로 살아가는 지구의 생물

식물은 햇빛에서 에너지를 받아 스스로 생명을
유지하고, 다른 생물도 살아가게 해 줘요.

생명을 주는 태양

태양은 지구에 사는 모든 생물에게 에너지를 줘요.
특히 식물은 이산화탄소를 빨아들여 햇빛과 물로
'광합성'을 일으켜 산소를 만들어 내지요.
플랑크톤 같은 단세포 생물도 광합성을 해요.

먹이 사슬

식물은 햇빛을 받아 당과 영양분을
만들어요. 초식 동물은 이 식물을
먹고 에너지를 얻지요. 육식 동물은
이 초식 동물들을 잡아먹고요!
생태계는 먹이를 중심으로
사슬처럼 연결되어 있답니다.

햇빛에서 에너지를
얻는 생물을 '생산자'라고
해요. 생산자는 스스로
양분을 만들어 내지요.

지구에서 가장 흔한 생명체

우리가 잘 모르는

세균은 지구 어디에나 살고 있어요!

바닷물 한 방울에는 100만 개의 세균이 들어 있어요.

단세포 생물, 세균

하나의 세포로 이루어진 단세포 생물인 세균은 가장 작은 미생물이에요. 세균은 질병을 일으키고, 음식을 상하게 하며, 충치도 만들지요. 하지만 공기 중으로 산소를 뿜어내 우리가 음식을 소화하거나 식물이 자라게 돕고, 쓰레기를 분해하는 데 도움을 주기도 해요.

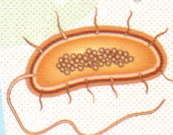

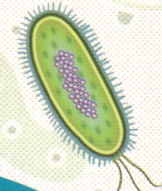

알쏭달쏭한 세균

바다에 있는 세균은 우주의 별보다 1억 배나 더 많아요.
하지만 우리는 아직도 세균에 대해 잘 몰라요.

극한 환경에서 살아남는 미생물

산성을 좋아하는 미생물은 온천과 오염된 광산,
그리고 우리의 위장 속에도 살아요!

온천

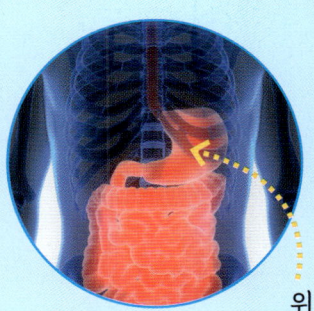

위

광산에서 나온 오염 물질

뜨끈한 목욕

피크로필루스라는 세균은 산을 견디는 데는 일등이에요. 심지어 황산보다 더 치명적인 섭씨 60도 정도의 물에서도 적응해 잘 살아가지요.

극한 생활

혹독한 환경에서 잘 살아가는 세균들이 있어요. 무척 높거나 낮은 온도에 사는 건 물론이고, 강한 산성 액체 속에서 더 잘 살아가기도 해요. 또한 염분이나 위험한 방사능을 흡수하기도 하지요. 과학자들은 이런 미생물 몇몇이 지구 초기부터 살아온 생명체일 거라고 추측해요. 지구가 생긴 지 얼마 되지 않았을 때와 비슷한 극한 환경도 견뎌 내기 때문이에요.

생명은 어디에서 시작되었을까요?

몇몇 과학자들은 열수구에서 생명이 시작되었다고 생각해요.

생명의 기원

1977년, 한 해양 연구소의 과학자들은 깊은 바닷속에 있는 열수구에서 잘 자라는 생물 집단을 발견했어요. 열수구 주변에서 화학 물질을 먹고 사는 세균이 다른 생물의 먹이가 되면서 생태계가 만들어져 있었지요. 해가 들지 않는 데다가 뜨거운 물과 가스가 솟구쳐 나오는 열수구는 태초의 지구와 비슷한 환경으로 여겨져요.

세균은 적어도 35억 년 동안 지구에 살고 있어요.

삶의 터전, 바다

열수구에서는 생물을 이루는 모든 물질이 발견돼요. 초기 생물들은 바닷속에서 태양이 내뿜는 해로운 방사능도 피할 수 있었을 거예요.

해마다 1만 5,000종의 새로운 생물 종이 발견돼요

그중에 절반은 곤충이랍니다.

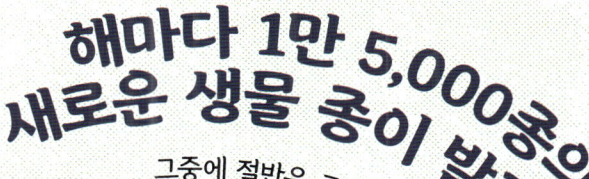

생물 다양성

지구에는 약 870만 종의 생물이 살아요. 그중 우리에게 알려진 생물 종은 겨우 150만 종이고, 해마다 1만 5,000종이 새롭게 발견되고 있어요.

육지
- 발견된 생물 14%
- 발견되지 않은 생물 86%

바다
- 발견된 생물 9%
- 발견되지 않은 생물 91%

신종 발견!

새로운 종이 야생에서만 발견되는 건 아니에요. 박물관 수집품이나 누군가의 앞마당에서 발견되기도 하지요. 2016년에는 페이스북에 올라온 사진을 통해 벌레를 잡아먹는 새로운 식충 식물이 확인되었답니다.

지구에는 사람보다 곤충이 15억 배나 많아요

개미, 딱정벌레, 벌 같은 수많은 곤충이 지구를 지배하지요!

곤충의 세상

우리가 곤충이라 부르는 다리가 여섯 달린 생명체들은 세상에서 가장 보기 쉬운 동물이에요. 오늘날에는 약 1,000경(1000,0000,0000,0000,0000) 마리의 곤충들이 살고 있지요. 특히 딱정벌레는 매우 흔해서, 세상의 동식물 다섯 가운데 하나가 딱정벌레일 정도예요.

개미는 약 2경 마리나 돼요. 한 사람당 개미 약 250만 마리가 사는 셈이지요!

곤충계의 거인

자이언트웨타는 세계에서 가장 무거운 곤충이에요. 무게가 70그램에 이르러 쥐보다 3배나 무겁답니다.

벼룩은 우주 로켓보다 빠르게 뛰어올라요

피를 빨아 먹는 이 작은 벌레들은 다리가 무척 튼튼하지요.

점프 선수

벼룩은 매우 빠르게 뛰어오르기 때문에 자기 몸이 받는 중력의 100배나 되는 중력 가속도를 견뎌야 해요. 우주선에 탑승한 우주 비행사가 경험하는 평균 중력 가속도가 자기 몸무게의 3배인 것을 생각하면, 얼마나 큰 압력을 견디는지 알겠지요?

벼룩처럼 폴짝

뛰어오르는 데 걸리는 시간: 1,000분의 1초

점프 속도: 약 초속 2미터

최대 점프 높이: 약 20센티미터

벼룩은 한 번에 자기 몸길이의 100배나 되는 거리를 뛰어넘을 수 있어요. 사람으로 치면 한 번에 버스 7대를 뛰어넘는 셈이에요.

세상에서 가장 큰 꽃은 썩은 고기 냄새를 풍겨요!

하지만 7년에 한 번 피어 이틀 만에 시들어 버리지요.

초대형 꽃

'시체 꽃'이라는 별명이 붙은 타이탄아룸은 신기한 꽃이에요. 높이가 3미터나 되고, 쭈글쭈글한 손가락 하나가 거대한 주름 종이 사이로 솟아 있는 것처럼 생겼거든요. 한 송이처럼 보이지만 실은 긴 줄기에 꽃 여러 송이가 붙어 있답니다.

고약한 냄새

쇠똥구리와 쉬파리는 신기하게도 타이탄아룸의 고약한 냄새를 좋아해요. 고기 썩는 냄새를 맡고 온 녀석들은 타이탄아룸의 꽃가루를 몸에 묻혀 다른 꽃으로 날라 주어요.

양배추, 방울양배추, 꽃양배추는 모두 한 식물에서 비롯했어요

쓰임새가 요모조모 다양한 이 채소의 이름은 무엇일까요?

브로콜리에는 작고 둥글납작한 꽃 뭉치가 달려 있어요.

꽃양배추는 꽃봉오리가 빽빽하게 한 덩어리를 이루어요.

야생 겨자의 변신

브라시카 올레라케아 (학명 Brassica oleracea), 일명 야생 겨자를 소개할게요! 농부들은 수백 년에 걸쳐 이 식물을 개량해 6가지 채소를 만들어 냈어요.

케일은 잎이 넓적해요.

콜라비는 줄기가 알처럼 둥글고 통통해요.

양배추 잎은 빽빽하게 겹쳐 있어요.

방울양배추 잎은 줄기를 따라 방울 모양으로 겹쳐 있어요.

지구가 보기에 사람은 편식쟁이예요!

인간이 주로 먹는 식물은 겨우 30종뿐이지요.

쌀

한정된 식량 소비

인류는 좁은 땅에서 가장 많이 수확할 수 있는 작물을 재배해 왔어요. 또한 극심한 기후 변화에 따라 식량 생산이 어려워지기도 하지요.

식물성 식품

우리가 먹는 음식의 5분의 4는 식물이에요. 하지만 식탁에 오르는 식물은 고작 30가지 정도지요. 또한 음식으로 섭취하는 에너지의 절반 이상을 단 3가지 작물(쌀, 밀, 옥수수)에서 얻어요.

밀

옥수수

새로운 시도를 해 봐요

뭔가 색다른 게 먹어 보고 싶나요? 우리가 먹을 수 있는 식물은 5만 가지가 넘는답니다.

식물로 병을 고쳐요

약으로 쓰이는 식물은 약 7만 종에 이르지요.

약초 치료제

약초는 주로 잎, 싹, 뿌리가 활용돼요. 보통 일상에서 흔히 겪는 가벼운 병을 치료하는 데 쓰이지요. 배탈이 났을 때는 박하 잎을 먹으면 좋아요!

박하 차

현대 의약품을 만드는 원재료 가운데 25퍼센트를 열대 우림에 서식하는 식물에서 얻어요.

약의 발전

오늘날 쓰이는 약은 대개 실험실에서 만든 화학 물질이에요. 그중에는 자연에서 얻은 성분으로 만든 것도 많지요. 진통제로 유명한 아스피린은 버드나무 껍질에서 추출한 '살리신'을 개량한 물질을 주성분으로 삼아요.

우림

우림은 비가 한 해에
250센티미터 이상 내리는 지역이에요.

지구의 산소는
5분의 1정도가
아마존에서 만들어져요.
그래서 아마존은
지구의 허파라고
불리지요.

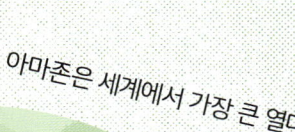

아마존은 세계에서 가장 큰 열대 우림이에요.

날마다 축구장 4만 5,000개보다
더 넓은 열대 우림이 파괴되고 있어요.

아마존에는 나무가
약 4,000억 그루 있어요.

라틴 아메리카의 열대 우림에는 영장류 중에서 가장 소란스러운 동물인 짖는원숭이가 살아요. 이 원숭이는 5킬로미터 밖에서도 들릴 만큼 큰 소리를 낸답니다!

의약품으로 연구된 열대 우림 식물은 전체의 1퍼센트도 되지 않아요.

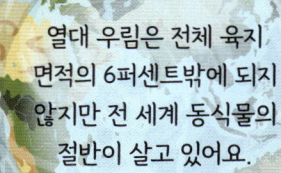

열대 우림은 전체 육지 면적의 6퍼센트밖에 되지 않지만 전 세계 동식물의 절반이 살고 있어요.

우리는 우림에서 바나나와 아보카도, 브라질너트, 커피, 팜유, 코코아, 바닐라 등 셀 수 없이 많은 먹거리를 얻어요. 또한 활엽수를 베어 단단한 목재도 만들어 쓰지요.

우림 지역의 대나무는 하루에 1미터까지도 자라요.

우림이 열대 지방에만 있지는 않아요

세계에서 가장 크고 유명한 우림들은 열대 지방에 있지만 기온이 낮은 지역에도 우림들이 있어요.

열대 우림과 온대 우림

우림은 열대 우림과 온대 우림으로 나뉘어요. 둘 다 습도는 높지만 온대 우림은 여름에만 온도가 높고 겨울에는 추워요. 그래서 두 지역에서 자라는 나무의 종류도 다르답니다.

구름이 가득한 숲

운무림은 높은 산에 만들어진 숲이에요. 언제나 구름이 끼어 있고 안개가 끊임없이 피어나 이끼가 많이 자라지요. 운무림은 열대 지방과 온대 지방 모두에서 찾아볼 수 있지만 고도가 높기 때문에 기온이 언제나 낮은 편이에요.

세계에서 가장 큰 생물은 버섯이에요

잣뽕나무버섯은 가장 큰 동물인 흰긴수염고래보다 크게 자라기도 해요.

대형 균류

미국 오리건주의 블루마운틴에 있는 잣뽕나무버섯은 축구장 1,200여 개나 되는 면적에 뿌리를 뻗고 살아요. 가지를 뻗듯이 퍼져 나가다가 유전적으로 똑같은 다른 개체를 만나면 하나로 합쳐져 더 커지지요!

잣뽕나무버섯은 대부분 땅 밑에 퍼져 살아요. 땅 위로 불쑥 솟은 황갈색 버섯갓과 줄기는 전체 중 아주 일부일 뿐이지요.

잣뽕나무버섯은 전골이나 스파게티에 넣으면 맛있어요!

지구에서 가장 키가 큰 생물은 미국삼나무예요

미국 캘리포니아주 레드우드 국립 공원에 있어요.

가장 큰 키

세계에서 가장 높은 나무는 '히페리온'이라고 이름 붙은 미국삼나무예요. 높이가 약 116미터로, 자유의 여신상보다 21미터나 더 높답니다.

엄청난 둘레

미국삼나무의 몸통 둘레는 7미터예요. 자이언트세쿼이아는 미국삼나무만큼 높지는 않지만, 몸통이 훨씬 굵어요. '제너럴 셔먼'이란 이름의 자이언트세쿼이아는 높이는 84미터에, 몸통 둘레는 31미터나 되지요.

어마어마한 무게

히페리온의 무게는 약 72만 5,700킬로그램으로 추정돼요. 흰긴수염고래 3마리보다 무거워요.

나무의 대부분이 죽어 있어요

나무 몸통 안쪽의 세포는 더 이상 활동하지 않기 때문이에요.

초록 새싹

나무는 생물이지만 대부분 죽은 세포로 이루어져 있어요. 다 자란 나무에서는 잎, 새싹, 뿌리, 그리고 나무껍질 아래에 있는 세포 층에서만 살아 있는 세포가 발견돼요.

튼튼한 보호막

어린나무는 모든 세포가 마구마구 자라고 있어서 힘이 넘쳐요. 몸통의 세포는 나무가 똑바로 설 수 있게 도와주고, 나무껍질은 안쪽에 살아 있는 연약한 세포를 보호해 줘요.

은행나무는 공룡이 살 때도 있었어요

머나먼 백악기에는 공룡들이 은행나무 숲을 돌아다녔겠지요.

질긴 생명력

은행나무는 2억 년 넘게 변하지 않고 살아남았어요. 공룡이 살던 시대보다 조금 앞선 페름기(고생대의 마지막 시대)의 퇴적암에서 은행잎 화석이 발견됐지요. 오늘날 은행나무과에 속하는 식물은 은행나무 한 종밖에 없어요.

은행나무 열매는 토한 것 같은 냄새를 풍겨요!

거리를 노랗게 물들이는 나무

은행나무는 생명력이 강한 데다 불이 잘 붙지 않고, 무성한 잎으로 그늘을 만들어 주기 때문에 가로수로 많이 쓰여요.

오늘날 나이가 가장 많은 나무는 5,000살이 넘어요

아메리카 대륙에 있는 이 나무는 고대 이집트인들이 피라미드를 짓던 시절에 어린나무로 자라고 있었어요.

나이가 가장 많은 나무 3

1. 그레이트베이슨의 강털소나무
   나라: 미국
   나이: 5,067살

2. 파타고니아 고원의 사이프러스 나무
   나라: 칠레
   나이: 3,627살

3. 스리 마하보디 사원의 보리수
   나라: 스리랑카
   나이: 2,300살

일급비밀

세계에서 나이가 가장 많은 강털소나무의 위치는 관광객이 몰려들지 않도록 철저하게 비밀로 지켜지고 있어요.

수백 년을 사는 동물도 있어요

대양백합조개는 가장 오래 산 동물로 기록을 세웠어요.

'밍'을 소개합니다

북대서양에 사는 대양백합조개는 조개껍데기에 생긴 나이테 같은 줄무늬를 보고 나이를 측정할 수 있어요. '밍'이라는 이름의 조개는 무려 507년이나 살아 세계에서 가장 오래 산 동물로 기록되었어요!

'투이 말릴라'라고 이름 지어진 거북은 188살까지 살았어요. 알려지지 않았지만 더 오래 산 거북이 있을지도 몰라요.

- ✓ 붉은성게는 200년 넘게 살 수 있어요.
- ✓ 북극고래도 수명이 200년이 넘어요.
- ✓ 400년 넘게 산 그린란드상어도 있답니다.

그레이트배리어리프는 세계 최대의 산호초 지대예요

어찌나 큰지 우주에서도 보일 정도예요.

바다 생물의 천국

그레이트배리어리프는 오스트레일리아 북동부 해안을 따라 2,300킬로미터가량 펼쳐져 있으며, 면적은 이탈리아보다 더 넓어요. 바다의 신비를 품은 이곳에는 3,000개가 넘는 산호들과 전 세계 어류 종의 10분의 1이 살고 있지요.

지구 온난화로 수온이 오르자 산호에 영양분을 주던 식물성 플랑크톤이 사라지면서 산호도 빛깔을 잃고 죽어 가고 있어요.

생명의 근원 바다

바닷속 플랑크톤이 대기 중의 산소 대부분을 만들어 내요.

지구의 4분의 3은 바다로 덮여 있어요.

지구를 끊임없이 당기는 달의 만유인력 때문에 바다에 밀물과 썰물이 생겨요.

바다는 크게 오대양으로 나뉘는데, 모두 이어져 있어요. 그중 태평양이 가장 넓지요.

파도는 바다 건너편에서 불어오는 바람 때문에 생겨요.

캐나다 뉴펀들랜드 지역의 펀디만은 세계에서 만조와 간조 사이 해수면의 높이 차이가 가장 큰 곳이에요. 해수면이 16미터가량 높아졌다 낮아지지요.

세계에서 가장 긴 산맥인 중앙 해령은 육지가 아닌 바다 한가운데에 있어요. 길이가 무려 6만 5,000킬로미터에 이르지요.

태평양은 영어로 'Pacific Ocean' 이라고 해요. '평화로운 바다'라는 뜻의 라틴어에서 유래했어요.

바닷물에는 다양한 물질이 섞여 있는데, 그중에는 금도 있어요. 무려 2,000만 톤이나요!

전 세계 바다 밑에는 300만 척에 이르는 배들이 침몰해 있어요.

지구 생물 대부분이 바다에 살아요

생명은 바다에서 시작되었고, 대부분이 바다에 남아 있어요.

무궁무진한 바다의 세계

바다는 열대 우림이나 평원, 그리고 우뚝 솟은 산보다 넓고 다양한 서식지예요. 지구 생물의 80퍼센트가 바다에 산다니 놀랄 일도 아니지요. 하지만 우리가 알고 있는 바다 생물은 아주 일부일 뿐이에요.

흐 느적거리는 왕눈이

세상에서 눈이 가장 큰 생물은 콜로살오징어예요. 몸집이 큰 데다 눈이 사람 머리만 해 바다 괴물처럼 보이지요.

해마는 유일하게 수컷이 새끼를 낳는 동물이에요.

바다에서 빛이 나요

작은 바다 생물들이 밤바다를 파란 불빛으로 물들이거든요.

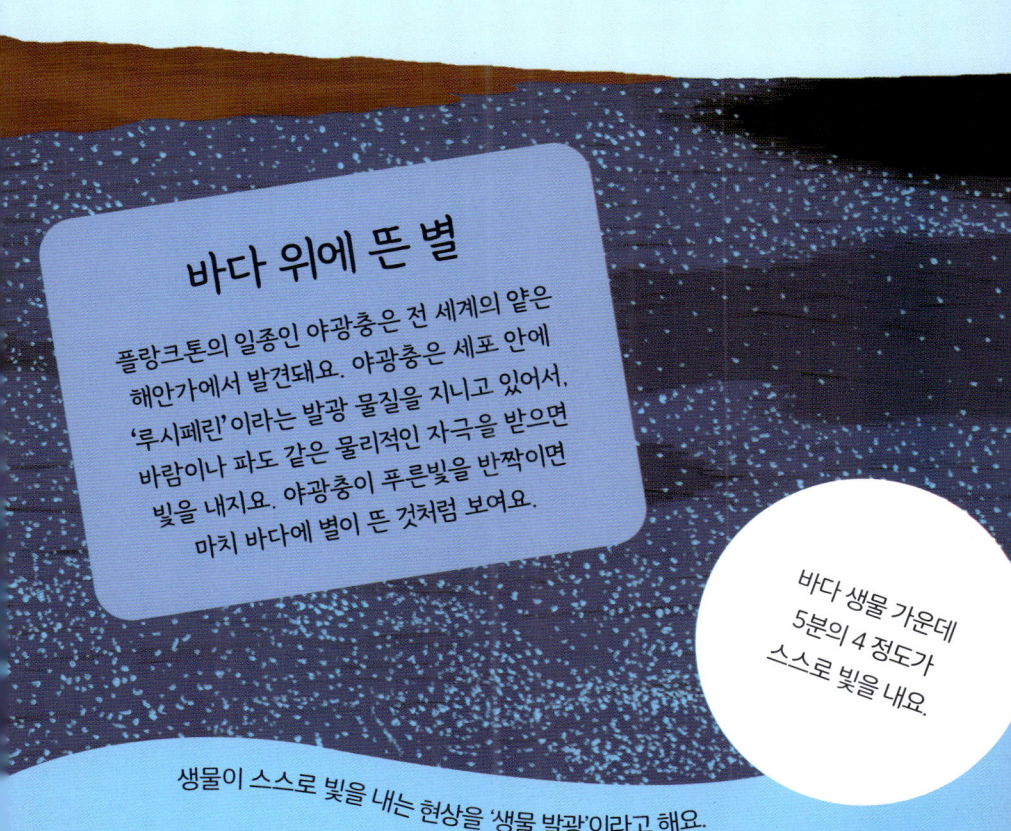

바다 위에 뜬 별

플랑크톤의 일종인 야광충은 전 세계의 얕은 해안가에서 발견돼요. 야광충은 세포 안에 '루시페린'이라는 발광 물질을 지니고 있어서, 바람이나 파도 같은 물리적인 자극을 받으면 빛을 내지요. 야광충이 푸른빛을 반짝이면 마치 바다에 별이 뜬 것처럼 보여요.

바다 생물 가운데 5분의 4 정도가 스스로 빛을 내요.

생물이 스스로 빛을 내는 현상을 '생물 발광'이라고 해요.

세상에서 가장 위험한 문어는 파란고리문어예요

파란색 고리 무늬가 특징인 이 작고 깜찍한 생물은 치명적인 독을 지니고 있어요.

강력한 독

파란고리문어는 몸길이가 10센티미터 정도라 한 손에 쏙 들어올 만큼 앙증맞아요. 하지만 부리처럼 날카로운 입에 한 번 물리면 입술과 혀에 마비가 일어나고, 구토와 호흡 곤란을 겪을 수 있어요. 심한 경우 죽을 수도 있으니 최대한 빨리 치료를 받아야 해요.

경고 신호

파란고리문어는 위협을 받으면 몸통과 다리에 푸른 고리 모양이 선명하게 나타나요. 그때는 서둘러 피해야 해요!

흑새치는 바다에서 가장 빨라요

물고기가 물살을 가르며 움직이는 속도는
보통 어부의 낚싯줄을 당기는 속도로 측정하는데,
배의 속도와 조류의 방향에 따라 달라지기
때문에 계산이 무척 복잡해요.

내가 제일 빨라!

흑새치는 바다에서 가장 빠른 물고기예요.
낚싯줄을 시속 129킬로미터로
당기는 기록을 세웠어요.

속도의 비법

물고기의 몸은 대체로 앞부분이 둥글고 뒤로
갈수록 뾰족한 유선형이지만, 흑새치는 입이 창처럼
뾰족하게 튀어나와 있어요. 날카로운 주둥이와
곡선으로 구부러진 꼬리지느러미 덕분에
터보 엔진이 달린 배처럼 빠르게 움직이지요.

몹시 차가운 바닷속에는 짭짤한 고드름이 생겨요

'브리니클'이라고도 불리는 바다 고드름은 북극과 남극의 차디찬 물속 아래로 점점 자라나며 주변의 모든 것을 얼려 버려요.
어떻게 그런 일이 일어날까요?

1. 극지방의 기온은 섭씨 영하 20도를 오르내리지만, 수온은 섭씨 영하 2도 정도예요. 열은 더 따뜻한 물에서 공기로 이동하게 되고, 해수면에는 해빙(얼음)이 생겨요.

2. 깨끗한 물만 해빙이 되기 때문에 해빙이 생길 때 빠져나온 염수(소금물)는 해빙의 틈새에 쌓여 가지요.

3. 농축된 염수는 무거워서 바닷속으로 가라앉아요. 주변 바닷물보다 온도가 훨씬 낮은 상태이지요.

4. 이러한 염수에 닿은 바닷물은 곧바로 얼어붙고, 가까운 곳에 있는 생물들도 극도로 차가운 온도 때문에 얼어 죽고 말아요.

바다에는 이상한 소리가 가득해요

바닷속에 수중 마이크를 넣으면 으스스한 소리가 들려요.

바닷속 굉음

1997년에 미국 해양대기청이 수천 킬로미터 떨어진 깊은 바닷속에서 일어난 엄청난 굉음을 포착해 '블룹'이라는 이름을 붙였어요. 이 소리는 남극에서 얼음이 갈라지는 소리거나 화산 폭발로 일어난 소리라고 추측되었지요. 만약 동물이 낸 소리였다면 흰긴수염고래보다 훨씬 큰 동물이었을 거예요.

고래의 노래

흰긴수염고래는 가장 시끄러운 동물이에요. 188데시벨에 달하는 울음소리는 800킬로미터 밖에서도 들린답니다.

깊고 깊은 바다

에베레스트산

바다의 평균 깊이는 약 3,700미터예요.
바다 밑바닥에 골짜기처럼 움푹 파인 곳을
'해구'라고 하고, 해구에서도
가장 깊은 곳을 '해연'이라고 해요.

바다에서 가장 깊은 지점은 태평양의
섬 괌에서 남서쪽으로 약 300킬로미터
떨어진 챌린저 해연이에요.

챌린저 해연이 있는
마리아나 해구는
에베레스트산을 거꾸로
세우고도 2킬로미터는
더 내려가야 해요.

챌린저 해연의
깊이는 1만 1,030미터예요.
63빌딩을 44채 쌓아 올린
높이와 맞먹지요.

대왕오징어는
버스 2대 길이만큼
자라기도 해요.

우리는 심해에 대해 잘 알지 못해요.
오히려 달 표면에 대해 더 많이 알고 있지요.

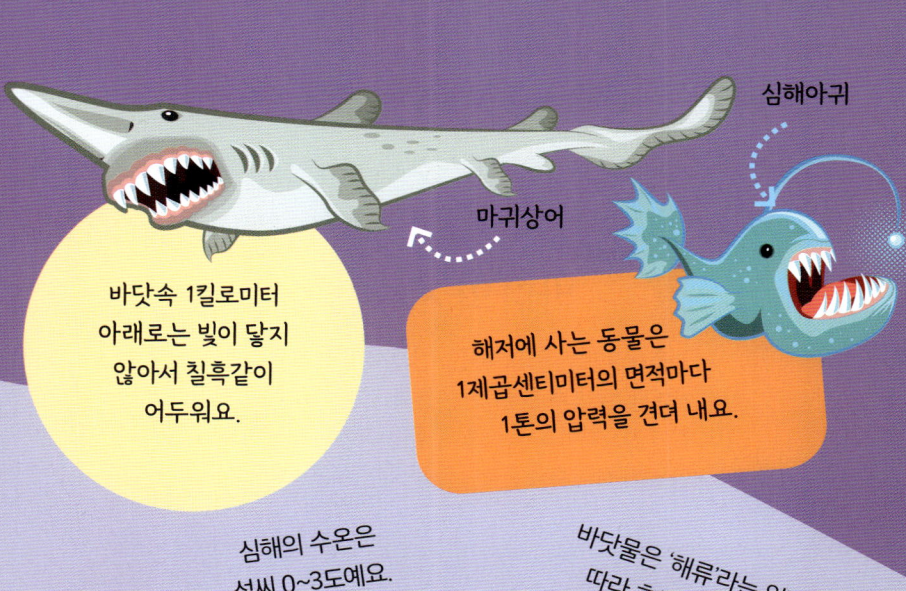

심해아귀

마귀상어

바닷속 1킬로미터 아래로는 빛이 닿지 않아서 칠흑같이 어두워요.

해저에 사는 동물은 1제곱센티미터의 면적마다 1톤의 압력을 견뎌 내요.

심해의 수온은 섭씨 0~3도예요.

바닷물은 '해류'라는 일정한 흐름을 따라 흐르며 모래와 진흙 등을 실어 날라요.

고래 한 마리의 사체는 바다 생태계를 수십 년 동안 먹여 살려요.

선사 시대의 바닷속 포식자

당시 육지의 포식자는 공룡이었지만, 바다의 포식자는 리오플레우로돈이었어요.

바다의 지배자

리오플레우로돈은 악어처럼 긴 입에 날카로운 이빨을
가진 거대한 해양 파충류로, 공룡과 같은 시대를 살았어요.
힘센 지느러미로 재빠르게 물을 헤치며 다녔지요.
오늘날의 상어처럼 천적이 없는 최상위 포식자였어요.

리오플레우로돈

이름의 뜻: 매끈한 옆면을 가진 이빨
몸길이: 5~7미터
먹이: 물고기와 다른 해양 파충류
시기: 중생대 쥐라기 중·후기
(1억 6,000만~1억 5,500만 년 전)

리오플레우로돈의 이빨은 길이가 무려 46센티미터였답니다. 빵 칼보다 더 길어요.

선사 시대에는 특이한 이빨을 가진 상어가 살았어요

1899년에 한 러시아 지질학자가 이 상어의 이빨 화석을 발견했지요.

톱니바퀴 이빨

2억 7,000만 년 전, 고생대 페름기에 살았던 헬리코프리온은 나선형으로 둥글게 말린 이빨이 나 있었어요. 공룡 연구자들은 이 톱니바퀴 같은 이빨이 아래턱에 달려 있었다고 추측하지만 정확한 쓰임새는 밝히지 못했지요.

오징어 반찬

헬리코프리온의 이빨 화석을 보면 단단한 먹이를 먹다가 손상된 흔적이 없어요. 문어나 오징어처럼 물렁물렁한 동물을 먹었을 확률이 크지요. 호로록!

헬리코프리온이라는 이름은 그리스어로 '나선형 톱'을 뜻해요.

백악에는 미세한 화석들이 담겨 있어요

잉글랜드와 프랑스, 덴마크의 유명한 백악 절벽은 눈에 보이지 않을 만큼 작은 화석들로 이루어져 있어요.

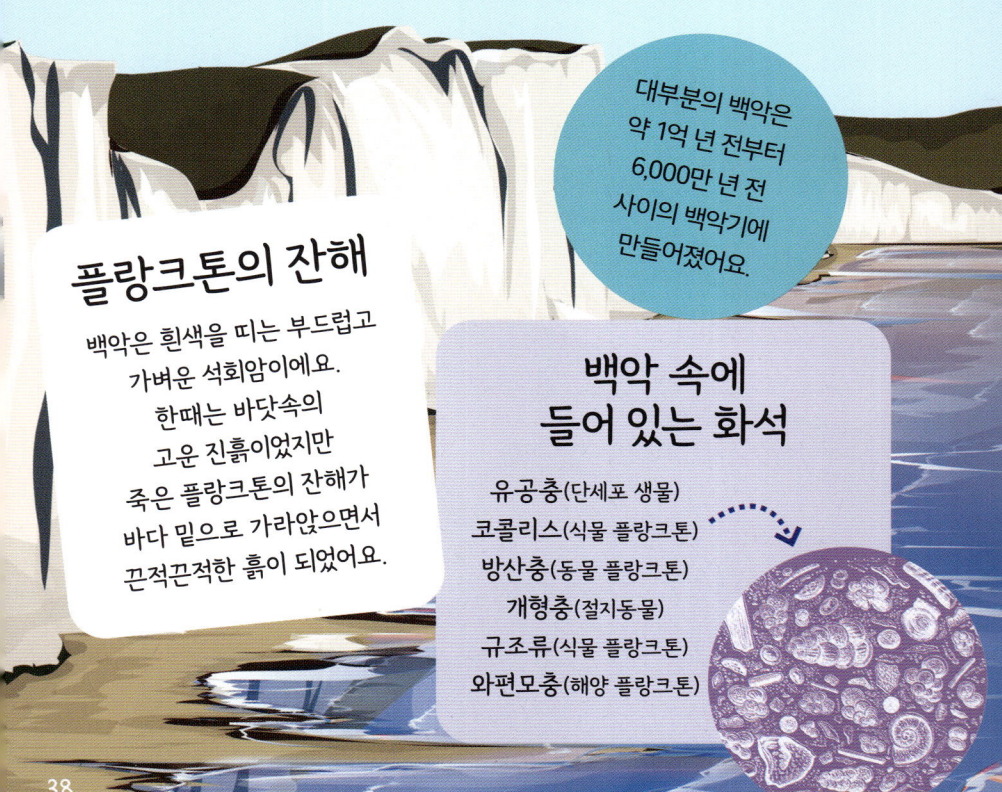

대부분의 백악은 약 1억 년 전부터 6,000만 년 전 사이의 백악기에 만들어졌어요.

플랑크톤의 잔해

백악은 흰색을 띠는 부드럽고 가벼운 석회암이에요. 한때는 바닷속의 고운 진흙이었지만 죽은 플랑크톤의 잔해가 바다 밑으로 가라앉으면서 끈적끈적한 흙이 되었어요.

백악 속에 들어 있는 화석

유공충(단세포 생물)
코콜리스(식물 플랑크톤)
방산충(동물 플랑크톤)
개형충(절지동물)
규조류(식물 플랑크톤)
와편모충(해양 플랑크톤)

메가네우라는 지구 역사상 가장 거대한 곤충이었어요

이 곤충은 약 3억 년 전인 고생대에 살았지요.

메가네우라

거대한 잠자리

메가네우라는 날개 폭이 약 65센티미터에 달해 파리보다는 새에 가까웠어요. 비둘기에 맞먹는 크기였지요. 메가네우라의 생김새는 오늘날의 잠자리와 몹시 비슷했어요. 사냥법과 먹이 또한 잠자리와 비슷했을 거예요.

커다란 곤충들

1880년경 프랑스의 고생대 석탄기 지층에서 메가네우라가 발견되었어요. 석탄기에는 대기 중 산소가 많아 곤충들이 커다랬는데, 어떤 노래기는 길이가 2.6미터도 넘었지요.

스테고사우루스의 뇌는 크기가 호두만 했어요

머리는 터무니없이 작았지만 몸에 난 커다란 골판과 골침으로 적과 맞서 싸웠어요.

멍청한 공룡?

공룡의 두개골 안쪽 공간은 주로 먹이를 씹을 때 쓰이는 근육을 고정하는 데 쓰였어요. 그러니 뇌가 작을 수밖에 없었지요. 스테고사우루스의 뇌는 호두만 한 소시지 모양이었어요.

뇌

호두

골판

스테고사우루스라는 이름은 '지붕 도마뱀'이라는 뜻이에요. 고생물학자들이 처음에 이 공룡을 복원했을 때, 등에 줄지어 난 골판들이 지붕을 덮는 기와처럼 납작하게 누워 있을 거라 생각했거든요.

골침

스테고사우루스는 쥐라기 후기인 약 1억 5,500만 년 전부터 1억 5,000만 년 전 사이에 살았어요.

척추동물의 조상은 벌레와 비슷하게 생겼어요

'척추동물'은 등뼈가 있는 동물을 말해요.
어류, 양서류, 파충류, 포유류, 조류가 여기에 속하지요.

헤엄치는 꿈틀이

등뼈를 가진 동물은 약 5억 년 전, 고생대 캄브리아기 바다에서 진화했어요. 최초의 척추동물은 벌레와 비슷했어요. 손가락 마디보다도 작은 이 동물은 고대 바다를 자유롭게 헤엄쳐 다니던 원시 어류였지요. 우리와 별로 닮지는 않았지만, 등뼈가 있는 여느 동물과 마찬가지로 머리부터 발끝까지 몸이 대칭이었고, 몸을 움직이는 데 필요한 근육 다발이 척추에 붙어 있었어요.

밀로쿤밍기아

카타이미루스

오늘날에도 이런 고대 동물과 놀라울 만큼 비슷한 생물이 있어요. 바로 강바닥 모래에 몸을 숨기고 사는 창고기랍니다.

공룡은 멸종되지 않았어요

공룡은 6,500만 년 전에 모두 죽었다고요?
사실 여전히 우리와 함께 있어요.

티라노사우루스 렉스

공룡의 후예

우리가 영화에서 보던 선사 시대의 공룡들은
영원히 사라졌지만 공룡의 직계 후손들이
아직 살아 있어요. 바로 새이지요!
6,500만 년 전에 지구와 소행성이 충돌하면서
덩치 큰 공룡들은 죽었지만 작고 움직임이
빠른 새들은 살아남았어요.

까치

왜가리

유타랍토르

'짹짹사우루스'

공룡과 새는 무척 닮았어요.
티라노사우루스 렉스에서 시조새에 이르기까지
모두 '창사골(날갯짓할 때 쓰는 뼈)'을 가졌으며,
골반은 뒤를 향해 있지요. 몸이 무거워
날지는 못했지만 깃털이 난 공룡도 있었답니다.

머리깃카라카라

벨로키랍토르

스밀로돈의 이빨은 어마어마하게 컸지만 튼튼하지는 않았어요

스밀로돈은 칼처럼 긴 송곳니를 가져 '칼이빨호랑이'라고도 해요.
하지만 이 맹수의 이빨은 이름만큼 강력하진 않았어요.

오늘날 고양잇과 동물들은 먹이의 목덜미를 꽉 물어 숨을 못 쉬게 만들어요.
하지만 신생대에 살았던 스밀로돈의 이빨은 그렇게 튼튼하지 않았지요.
그래서 이빨 대신 힘센 앞다리로 물소나 말을 먼저 쓰러뜨린 뒤,
기다란 이빨로 목을 재빠르게 물어 죽였어요.

단검처럼 생긴 스밀로돈의 이빨은 길이가 20센티미터에 달했어요.

입을 크게 쫙!
스밀로돈이 먹이를 거대한 송곳니 안쪽의 입안으로 넣으려면 입을 아주 크게 벌려야만 했어요.

빙하기 동물

지구는 큰 빙하기를 적어도 5번 겪었어요.

약 2만 년 전, 빙하의 부피가 최대에 달했던 시기를 '마지막 최대 빙하기'라고 불러요. 역사상 해수면이 가장 낮았던 때예요.

마지막 빙하기는 11만 년 전에 시작되어 1만 2천 년 전까지, 약 10만 년 동안 계속되었어요.

털매머드의 엄니는 길이가 약 2.7미터에, 무게는 45킬로그램에 달했어요.

뿔이 없는 코뿔소인 파라케라테리움은 가장 거대했던 육상 포유류로, 몸무게가 20톤에 달했어요.

····· 털매머드

몸집이 큰 동물은 작은 동물보다 체온을 유지하기가 더 쉬워요. 특히 추운 시기에는 더욱요!

다이어울프는 몸집이 큰 늑대였어요. 미국 캘리포니아주의 타르 웅덩이에서 4,000개가 넘는 다이어울프의 화석이 발견되었는데, 그 수로 보아 다이어울프는 무리 생활을 했던 것으로 보여요.

털매머드의 사체는 꽁꽁 언 땅에 묻혀 있었던 덕분에 손상되지 않은 채로 발견되는 경우가 많아요.

과학자들은 얼어 있는 매머드의 DNA를 코끼리의 난자에 주입해 매머드를 되살리려고 노력하고 있어요.

빙하기에 살았던 코뿔소는 뿔이 넓고 평평해 눈을 파기에 알맞았어요.

빙하기에는 거대한 동물들이 많이 살았어요.

티타니스

메가케롭스

인간과 침팬지는 유인원이에요

침팬지는 유전적으로 인간과 가장 가까운 동물이지요.

같은 조상

인간과 침팬지는 조상이 같기 때문에 비슷한 점이 많아요.
약 300만 년 전에 살았던 공통의 조상은 팔이 길고, 뇌가 작으며, 털이 북슬북슬했어요.
인간은 진화하면서 팔이 짧아지고, 뇌가 커졌으며, 털이 거의 없어졌지요.

놀랍게도 인간과 침팬지의 DNA는 98퍼센트나 똑같아요!

초대형 두뇌?!?
우리의 뇌는 몸에 비해 상당히 커요.

뇌의 주름진 표면을 '대뇌 피질'이라고 해요.

인간의 대뇌 피질에 있는 신경 세포 수: 163억 개

뇌의 진화

화석을 살펴보면 우리 조상들의 뇌는 약 250만 년 전에 용량이 0.6리터에서 1리터로 커졌어요. 덕분에 인간의 지능이 더 높아졌지요.

뇌가 클수록 똑똑할까요?

두뇌가 크다고 해서 무조건 지능이 높지는 않아요. 코끼리와 고래의 뇌는 인간보다 훨씬 크지만 인간의 뇌에는 생각을 담당하는 대뇌 피질에 뇌세포가 더 많답니다.

코끼리의 대뇌 피질에 있는 신경 세포 수: 56억 개

우리는 부분적으로 네안데르탈인일지도 몰라요

6만 년 전에는 네안데르탈인, 데니소바인, 호모 사피엔스 이렇게 세 인류가 있었지만 오늘날에는 호모 사피엔스만이 남았어요. 하지만 우리 중에는 큰 골격에 각진 턱을 가진 네안데르탈인의 유전자를 가진 사람도 많아요. 여러분에게도 네안데르탈인의 유전자가 있을지 몰라요!

긴 두개골

도드라지는 눈썹 뼈

발그레한 뺨

큰 코

튀어나온 뒤통수

네안데르탈인의 유전자가 있는지는 DNA 검사로 정확하게 확인할 수 있어요.

먼 친척

유럽인과 아시아인은 네안데르탈인의 DNA를 1~6퍼센트 가지고 있지만, 아프리카인은 전혀 가지고 있지 않아요.

한 할아버지는 122년을 살았어요

인간의 평균 수명은 72년이지만, 어떤 사람들은
평균 수명을 훌쩍 뛰어넘어 살기도 해요!

세계 최고령자

기네스 기록에 최고령자로
오른 사람은 프랑스의 잔 칼망이에요.
1875년에 태어나 122년 164일 동안
살다가 1997년에 숨을 거뒀어요.

고령화 사회

태어나는 아기는 점점
주는 반면 평균 수명은
늘어나면서 어떤
나라들은 고령화 사회로
들어섰어요. 일본은 지난
50년 동안 65세 이상
인구가 4배나 증가했어요.

지구에는 80억이 넘는 사람들이 살고 있어요

200년 전만 해도 세계 인구는 10억 명이었는데,
오늘날에는 80억 명이 넘어요. 2037년에는 90억 명을 넘어설 거예요.

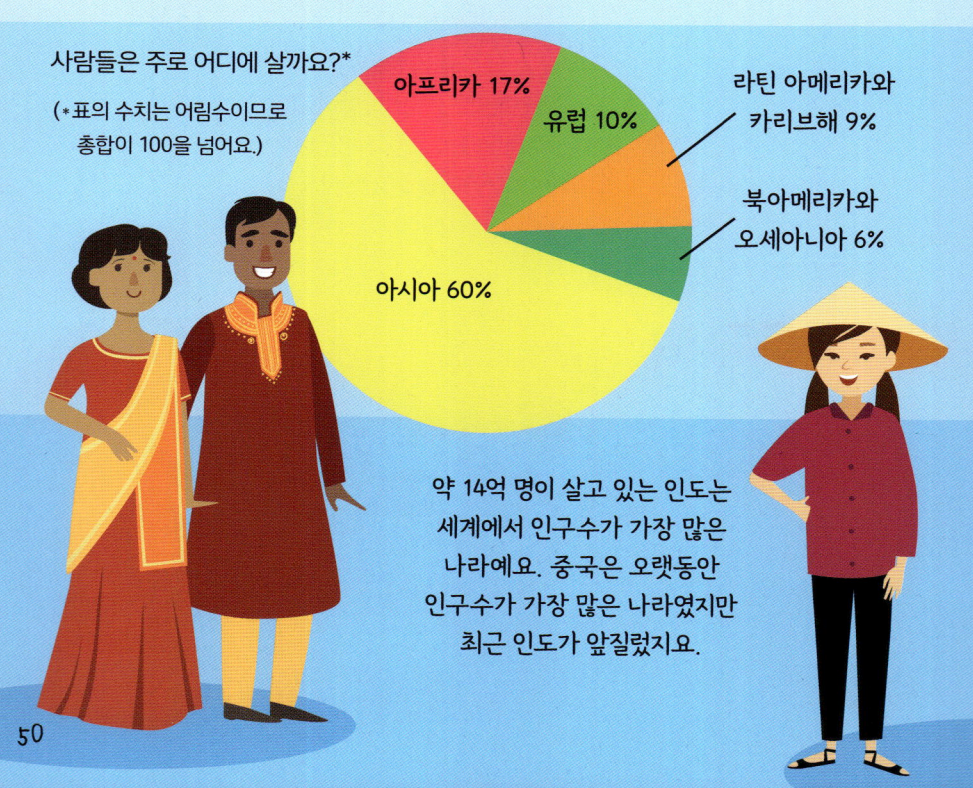

사람들은 주로 어디에 살까요?*

(*표의 수치는 어림수이므로 총합이 100을 넘어요.)

아프리카 17%
유럽 10%
라틴 아메리카와 카리브해 9%
북아메리카와 오세아니아 6%
아시아 60%

약 14억 명이 살고 있는 인도는 세계에서 인구수가 가장 많은 나라예요. 중국은 오랫동안 인구수가 가장 많은 나라였지만 최근 인도가 앞질렀지요.

지구에는 그 어느 때보다 어린이가 많이 살고 있어요

10~24세인 세계 인구는 18억 명이에요.

저출생 사회

60년 전과 비교하면 출생률은 많이 낮아졌지만, 아기가 성인이 될 때까지 생존하는 비율은 훨씬 높아졌어요. 덕분에 세계 인구는 계속 늘고 있지요.

인구 평균 나이가 세계에서 가장 어린 아프리카의 니제르는 가장 '젊은 나라'예요.

1분마다 약 250명의 아기가 태어나요.

전 세계 사람들이 한 도시 안에 들어가요

로스앤젤레스

복작복작

전 세계 인구가 미국의 로스앤젤레스 안에 다 들어갈 수 있어요. 80억 명이 1,300제곱킬로미터의 도시에 빼곡하게 들어찬 모습을 상상해 보세요. 옆을 둘러볼 수 있는 틈조차 없을 거예요.

와글와글

하나 더 상상해 볼까요? 우리 몸을 이루고 있는 원자는 속이 거의 비어 있어요. 빈 곳을 모두 없애고 사람의 부피를 가장 작게 꾹꾹 눌러 줄이면, 인류 전체가 각설탕 하나만 한 공간에 들어갈 수 있어요!

전 세계 인구의 절반 이상이 도시에 살아요

세계에서 가장 빠르게 성장하는 도시 20곳 가운데 10곳이 중국에 있어요.

일본의 도쿄권(수도권)은 세계에서 가장 큰 대도시로, 3,700만 명이 넘는 사람들이 살아요.

거대 도시

지구에서 도시가 차지하는 면적은 얼마 되지 않지만, 세계 인구의 절반 이상이 도시에 살고 있어요. 그리고 5명 중 한 명은 인구수가 100만 명이 넘는 대도시에 살지요. 인구수가 1,000만 명이 넘는 거대 도시도 30곳이 넘는답니다.

중국의 마카오는 1제곱킬로미터에 2만 명꼴로 살고 있어서 세계에서 인구 밀도가 가장 높은 도시예요.

도쿄

태양계의 나이는 46억 살이에요

태양과 태양을 공전하는 행성들은 상상할 수 없을 정도로 오래전에 만들어졌어요. 과학자들은 가까이 있던 별이 폭발하면서 태양계가 생겼다고 추측해요.

태양계의 탄생

1. 약 46억 년 전, 먼지와 가스로 이루어진 거대한 구름인 '성운'이 무너졌어요.

2. 무너진 성운이 빠르게 회전하면서 중심부에 질량이 큰 물질들이 뭉쳐졌어요.

3. 질량이 큰 중심부에 핵융합 반응이 일어나면서 태양이 만들어졌어요.

4. 남은 파편들은 계속 회전하며 크고 작은 덩어리로 합쳐져 행성, 소행성, 혜성 등의 천체가 되었어요.

태양계의 중심은 태양이에요

태양은 태양계의 모든 행성에 엄청나게 많은 빛과 에너지를 줘요.

태양은 그 안에 지구가 100만 개도 넘게 들어갈 만큼 거대해요!

1. 태양
2. 수성
3. 금성
4. 지구
5. 화성
6. 목성
7. 토성
8. 천왕성
9. 해왕성

태양계 구성원

태양계는 태양의 영향이 미치는 공간과 그 공간에 있는 천체를 말해요. 태양이 태양계 전체 질량의 99.9퍼센트를, 남은 0.1퍼센트는 지구를 포함한 8개의 행성과 위성, 소행성, 혜성 그리고 수십억 개의 물체들이 차지해요.

거대한 목성

태양을 뺀 태양계 질량 0.1퍼센트의 대부분은 목성이에요. 목성은 토성과 함께 전체 행성 질량의 90퍼센트 이상을 차지해요.

태양계 행성들은 모두 같은 방향으로 움직여요

태양 주위를 시계 반대 방향으로 공전하지요.

다 함께 돌아요

모든 행성은 태양 주위를 한 방향으로 돌아요. 태양을 한가운데에 두고 거대한 원반 위를 돌고 있는 모양이지요. 이런 현상은 태양계가 만들어진 방식 때문에 일어나요. 성운이 무너져 태양계가 만들어질 때, 물질들이 중력에 이끌려 안쪽으로 모이면서 회전하기 시작했거든요. 얼음판에서 더 빠르게 회전하기 위해 팔을 오므리는 피겨 스케이팅 선수처럼요.

20억 년 안에 지구의 바다는 증발해 버릴 거예요

태양이 점점 나이가 들고 있기 때문이에요.

태양의 수명

태양만 한 크기의 별은 수명이 약 100억 년이에요. 태양은 벌써 절반을 산 셈이지요.

부글부글

태양은 수소를 태워서 빛과 열을 만들어요. 수소를 다 쓰고 나면 수소보다 무거운 연료를 태우면서 더 밝아지고 더 뜨거워질 거예요. 이 영향으로 20억 년 뒤면 지구는 물이 다 증발해 버리고 화성처럼 황무지로 변할지도 몰라요.

수성은 가장 빠른 행성이에요

지구가 태양을 한 바퀴 도는 동안
수성은 재빨리 4바퀴나 더 돌아요!

수성의 속도

* 수성의 공전 속도는 시간당 17만 505킬로미터예요.
* 수성은 태양 주위를 약 88일에 한 바퀴씩 돌아요.

왜 그렇게 빠를까요?

행성 가운데 태양과 가장 가까운 수성은 공전 주기가 가장 짧아요. 게다가 태양의 중력에 크게 영향받는 작은 암석 행성이 태양이 끌어당기는 힘과 균형을 맞추려면 더 빠르게 돌 수밖에 없어요.

금성은 가장 뜨거운 행성이에요

금성은 태양과의 거리가 수성보다
2배 정도 멀지만, 수성보다 더 뜨거워요.

금성에서는 해가 서쪽에서 뜨고 동쪽으로 져요.

금성은 크기와 밀도가 지구와 매우 비슷해서 지구의 '자매 행성'이라고도 불려요. 하지만 다른 점도 많지요. 금성의 대기는 대부분 이산화탄소로 덮여 있고, 하늘에는 치명적인 황산 구름이 가득해요. 대기층이 너무 두꺼워서 지구보다 대기압이 90배나 높답니다.

금성

지구

불덩이

금성의 짙은 대기가 태양열을 가두기 때문에 금성의 표면 온도는 섭씨 500도에 달해요. 주석과 납을 녹일 정도로 뜨거운 온도이지요.

지구와 달

달의 인력으로 지구의 자전 속도가 느려지면서 지구의 낮이 점점 길어지고 있어요.

달은 우리 손톱이 자라는 속도만큼 천천히 지구에서 멀어져요.

지구는 태양계에서 밀도가 가장 높은 행성이에요.

지구는 시간당 10만 7,200킬로미터의 속도로 우주를 여행하고 있어요. 비행기보다 100배나 빠른 속도로 태양 주위를 돌고 있기 때문이지요!

달이 지구를 한 바퀴 도는 데 약 27일이 걸려요.

지구의 중심부인 내핵의 온도는 섭씨 6,000도 정도로, 태양의 표면만큼이나 뜨거워요.

과학자들은 약 45억 년 전에 화성만 한 우주 암석이 지구와 충돌하면서 달이 만들어졌다고 추정해요.

달은 지구 주위를 계속 돌기 때문에 위치가 매일 바뀌어요. 달의 위치에 따라 태양 빛을 반사하는 부분이 달라지기 때문에 지구에서 관찰되는 달의 모양도 계속 변하지요.

신기하게도 지구의 하늘에서는 태양과 달이 같은 크기로 보여요. 지구의 항성인 태양은 달보다 400배 더 크지만, 400배 더 멀리 떨어져 있거든요.

달의 중력은 지구의 6분의 1이에요. 달에 가면 몸무게가 6분의 1로 줄어든답니다!

화성에 가면 태양계에서 제일가는 산을 볼 수 있어요

음식을 넉넉히 싸고 여벌의 우주복도 준비하세요!
아주 높은 산에서 화성의 경치를 감상할 거니까요.

슈퍼 화산

화성의 올림푸스몬스 화산은 태양계에서 가장 큰 화산이에요. 암석으로 이루어진 이 산은 지름이 600킬로미터에, 높이는 22킬로미터예요. 지구에서 가장 높은 에베레스트산보다 2.5배 더 높지요. 하지만 경사가 5도 정도라서 산을 오르는 느낌은 들지 않을 거예요.

화성의 그랜드 캐니언

미국의 거대한 협곡인 그랜드 캐니언도 화성의 마리네리스 협곡에 비하면 무척 작아요. 마리네리스 협곡은 길이가 약 4,000킬로미터에, 깊이는 7킬로미터에 달해요.

천문학자들은 소행성에 기발한 이름을 붙이곤 해요

톰 행크스와 맥 라이언도 소행성의 이름이지요.

우주의 부스러기

'소행성'은 행성보다 크기가 작은 천체를 말해요. 우주에는 수백만 개의 소행성이 돌아다니는데, 태양계가 만들어진 후 남은 부스러기들이지요. 이 파편들은 대부분 화성과 목성 사이의 궤도에서 태양 주위를 돌아요. 이렇게 움직이는 암석들이 모여 있는 곳을 '주소행성대' 또는 '주영역'이라고 부르지요.

지구에 위협이 될 만한 소행성은 약 2,300개예요.

독특한 이름의 소행성들 *

9007 제임스 본드
2309 미스터 스팍
7470 재버워크
30269 아난다파드마나반

*이름 앞에 붙은 숫자는 소행성의 고유 번호예요.

목성에서는 지구보다 더 큰 폭풍이 불어요

지구보다 부피가 1,000배 큰 목성에서는 모든 것이 초대형이에요.

대왕 폭풍

목성의 '대적점'은 붉은 무늬의 거대한 폭풍 지대로, 최대 풍속이 시속 640킬로미터예요. 지구의 허리케인보다 훨씬 빠르게 소용돌이치지요. 목성에서 생긴 폭풍이 지구에 분다면 지구를 다 뒤덮고도 남을 거예요!

오래된 폭풍

목성에는 단단한 지형이 없어서 한번 시작된 폭풍이 쉽사리 가라앉지 않아요. 1665년에 발견된 대적점에 부는 폭풍도 지금까지 몰아치고 있지요.

목성은 위성이 가장 많은 행성이에요

위성은 목성에 95개, 이어 토성에 83개 있어요.

목성의 위성 중 가장 큰 4개의 위성을 '갈릴레오 위성'이라고 해요. 1610년에 이 위성들을 발견한 이탈리아의 과학자 갈릴레오 갈릴레이의 이름에서 따왔어요.

1. 이오

이오에는 부글부글 끓어오르는 활화산이 많아요. 화산에서는 용암이 흘러나오고 황이 섞인 가스 기둥이 솟구친답니다.

2. 유로파

네 위성 중에서 가장 작은 유로파는 표면이 얼음으로 덮여 있어요. 몇몇 과학자는 그 아래에 생명체가 사는 바다가 있다고 생각해요.

3. 가니메데

가니메데는 태양계에서 가장 큰 위성으로, 수성보다 커요.

4. 칼리스토

분화구가 많아서 표면이 울퉁불퉁한 칼리스토는 달처럼 풍경이 삭막해요.

토성은 물에 뜰 수 있어요

태양계에서 두 번째로 큰 행성이지만 가벼운 가스로 이루어져 있거든요.

욕조에 토성을 넣으면?!

토성은 대부분 물보다 가벼운 수소와 헬륨으로 이루어진 가스 행성이에요. 따라서 토성을 물에 넣으면 둥둥 뜰 거예요. 토성을 넣을 만큼 커다란 통이 없겠지만요!

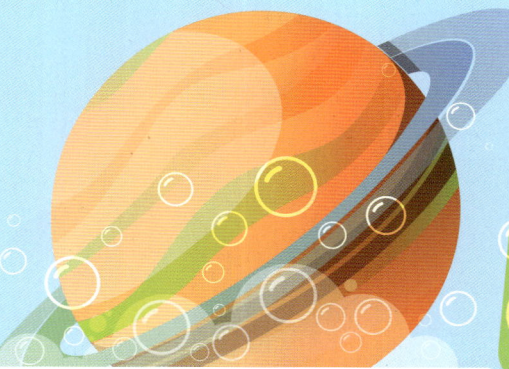

멋진 고리

토성의 거대한 고리는 아주 얇아서 두께가 1킬로미터도 되지 않아요. 이 고리들은 한 덩어리의 단단한 고체가 아니라 먼지와 암석, 얼음덩어리가 모여 만들어졌지요. 어떤 덩어리는 집채만큼 크답니다.

천왕성은 조지 행성으로 불릴 뻔했어요

천왕성의 영어 이름은 '우라노스'예요.

그리스 신, 우라노스

1781 천왕성은 1781년 이전에도 관찰된 적이 있지만 줄곧 혜성이라고 여겨졌어요. 그런데 영국의 천문학자 윌리엄 허셜이 망원경을 이용해 천왕성을 관찰하고 행성이라고 밝혀냈지요.

1783 허셜은 자신이 발견한 행성을 영국의 왕 '조지 3세'의 이름을 따 '조지움 시두스', 즉 '조지의 별'이라 불렀어요.

1850 다른 태양계 행성들의 이름은 그리스 로마 신화에 나오는 신들의 이름에서 따왔어요. 독일의 천문학자 요한 보데는 천왕성의 이름도 그리스 로마 신화 속 하늘의 신인 '우라노스'로 바꾸었지요.

천왕성은 비스듬히 누워서 태양 주위를 공전해요.

해왕성에는 다이아몬드 비가 내려요

다이아몬드 원석이 우박처럼 쏟아지기도 하지요.

딱딱한 비

해왕성은 태양에서 아주 멀리 떨어진 얼음 행성이에요. 얼어붙은 메탄이 가득한 해왕성의 대기에 높은 압력과 열이 가해지면 메탄은 수소와 탄소로 분해되고, 탄소는 다이아몬드 결정으로 압축되어 비로 내려요.

얼음 바람

해왕성에는 태양계에서 가장 강한 바람이 불어요. 메탄으로 응축된 구름이 시속 2,000킬로미터를 넘는 속도로 하늘을 휘저어요.

명왕성은 미국보다 작아요

미국 항공 우주국(NASA)의 뉴허라이즌스호가 2015년에 명왕성에 접근해 처음으로 정확한 크기를 알아냈어요.

지구 위의 명왕성

명왕성의 지름은 2,370킬로미터예요. 너비가 약 4,669킬로미터인 미국의 넓은 땅덩어리 안에 쉽게 들어갈 거예요.

행성 자격 박탈

태양계의 마지막 행성이었던 명왕성은 2006년에 행성의 지위를 잃었어요. 행성이 되려면 자신의 궤도에 있는 다른 천체들을 위성으로 만들거나 밀어낼 수 있어야 하는데, 명왕성은 그런 힘이 없는 데다 너무 작아서 왜소행성으로 분류되고 말았지요.

명왕성 일주

명왕성의 적도를 한 바퀴 돌려면 약 7,232킬로미터를 걸어야 해요. 서울에서 하와이 호놀룰루까지 가는 거리와 맞먹지요.

우주선 발사!

아폴로 13호의 대원들은 약 40만 킬로미터를 날아가 지구에서 가장 멀리 간 기록을 세웠어요.

1947년, 로켓에 실려 발사된 초파리는 최초로 지구 밖 우주로 보내진 생물이었어요.

우주 비행사들은 우주에서 구운 스테이크, 자동차 배기가스, 숯불 연기 냄새가 난다고 말해요.

1957년, 최초로 위성 궤도에 오른 생물은 러시아의 개 '쿠드랴프카'였어요. 품종명인 '라이카'로 더 많이 알려져 있지요.

무인 우주 탐사선 보이저 1호는 2013년에 태양계를 벗어난 뒤 여전히 날고 있어요.

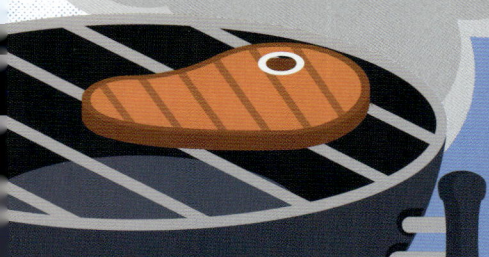

국제 우주 정거장(ISS)에 있는 우주 비행사들은 자신의 호흡과 땀, 그리고 소변까지 정수해서 마셔요.

우주 비행사들은 우주에서 키가 더 커져요. 지구와 달리 중력이 없기 때문에 근육과 인대가 느슨해지면서 척추가 쭉 펴진답니다.

우주복이 없으면 우주에서 30초도 견딜 수 없어요.

러시아 우주인 발레리 폴랴코프는 우주에서 가장 오래 머무른 사람이에요. 437일 18시간 동안 우주에서 지냈어요.

국제 우주 정거장의 우주 비행사들은 하루에 16차례 지구를 돌며 90분에 한 번씩 일출을 봐요.

우리 은하의 중심에는 블랙홀이 있어요

블랙홀은 중력이 너무 강해서 모든 물질을 빨아들여요.

검은 구멍

블랙홀은 텅 비어 있지 않아요. 아주 작은 공간에 어마어마한 양의 물질이 들어차 있지요. 빛조차 빨아들이는 블랙홀을 볼 수는 없지만 주변 물체에 미치는 영향을 통해 존재를 알 수 있어요.

블랙홀은 크게 3가지 크기로 나뉘어요.

원시 블랙홀

원자 하나만 한 크기지만, 질량은 산 하나보다 커요.

항성 질량 블랙홀

거대한 별이 초신성 폭발로 무너진 뒤에 만들어져요. 미국 뉴욕 정도의 공간이지만 태양보다 10배는 무거워요.

초거대 질량 블랙홀

태양 100만 개의 질량을 가진 거대한 블랙홀이에요. 우리 은하의 중심에도 이 블랙홀이 있어요.

우리 은하로 돌진하는 은하가 있어요!

약 40억 년 뒤에 우리 은하는 안드로메다은하와 충돌할 거예요.

은하계 충돌

우리 은하와 가장 가까운 안드로메다은하는 지구로부터 250만 광년 떨어져 있는 나선 은하예요. 두 은하는 강한 중력에 이끌려 초속 110킬로미터가 넘는 맹렬한 속도로 서로를 향해 돌진하고 있어요!

빛의 향연

두 은하는 별들 사이의 거리가 너무 멀기 때문에 충돌하기보다는 부드럽게 한데 뒤섞일 거예요. 미래의 천문학자들은 10억 년 동안 이어지는 빛의 축제를 즐기게 되겠지요!

접근 속도:
초속 약 110킬로미터

우주 어딘가에서 1초에 한 번씩 별이 폭발해요

질량이 큰 별들은 폭발로 일생을 마쳐요.
이 거대한 폭발을 '초신성 폭발'이라고 하지요.

마지막 에너지

초신성 폭발이 일어나면 별은 순간적으로 엄청난 에너지를 한꺼번에 뿜어내며 불타는데, 그 에너지의 양이 태양이 100억 년 동안 내보내는 에너지에 맞먹어요.

빛나는 죽음

별들은 찬란하게 사라져요.
마치 밤하늘에 새로운 별이 나타난 것처럼
몇 주 동안 밝게 타오르다 죽음을 맞이하지요.
우리 은하와 같은 크기의 은하계에서는
초신성 폭발이 50년에 한 번씩 일어나요.

태양도 폭발할까요?

태양은 초신성이 될 만큼 질량이
크지 않아서 폭발하지 않아요.

외계인으로 오해받은 펄서

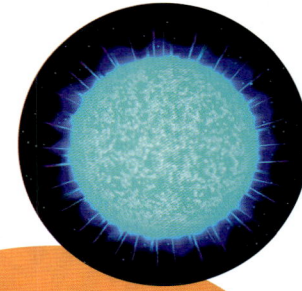

삐-삐-삐 신호를 보내는 펄서

1967년, 처음으로 펄서를 발견한 사람은 대학원생 조슬린 벨이었어요. 과학자들은 펄서의 전자기파를 보고 외계인이 보낸 신호일지도 모른다고 생각했어요!

우주의 등대

무거운 별이 초신성 폭발을 일으키면 중심부에 남은 무거운 물질이 새로운 중성자별로 태어나요. 이 중에서도 전자파를 내보내는 중성자별을 '펄서'라고 하지요. 펄서는 회전하면서 전자파 광선을 내뿜기 때문에 지구에서 보면 깜빡이는 등대 신호처럼 보여요.

중성자별을 한 스푼 뜨면 그 무게가 약 40억 톤에 달해요.

우주는 빅뱅으로 시작되었어요

138억 년 전, 우주의 모든 에너지와 질량이 모여 있는 하나의 점에서 '빅뱅(대폭발)'이 일어나 우주가 탄생했어요.

빅뱅 이론의 근거

빅뱅 이론을 뒷받침하는 과학적 증거는 크게 3가지예요.

✓ 우주에 있는 수소와 헬륨의 양이 빅뱅 이론으로 예측한 양과 일치해요.

✓ 모든 은하계는 서로 멀어지고 있어요. 우주가 계속 팽창하고 있다는 뜻이지요.

✓ 엄청난 폭발이 일어난 후 남은 열이 지금도 하늘에서 감지돼요.

별은 타임머신이에요

우리는 별을 통해
우주의 먼 과거를 볼 수 있어요.

과거의 별빛

별빛이 지구에 도달하는 데는 오랜 시간이 걸려요. 그래서 우리는 '바로 지금' 빛나는 별빛은 절대 볼 수 없어요. 언제나 과거에 빛나던 별을 볼 뿐이지요.

과거의 햇빛

태양에서 나온 빛이 지구에 닿기까지는 8분 정도가 걸려요. 갑자기 태양이 사라진다고 해도 우리는 8분 동안 알아채지 못할 거예요. 태양을 제외하고 지구에서 가장 가까운 별인 프록시마 켄타우리는 지구에서 4.2광년 떨어져 있기 때문에 그 별빛이 지구에 닿으려면 4.2년이 걸려요.

우주는 점점 커지고 있어요

역사상 가장 중요한 발견 중 하나는 우주가 팽창한다는 사실이에요.

팽창하는 우주

빅뱅

허블의 관측

1920년대에 미국의 천문학자 에드윈 허블은 우리 은하 밖에 다른 은하들이 있으며, 그 은하들이 우리 은하로부터 멀어지고 있다는 사실을 발견했어요.

멀어지는 은하들

우주가 팽창하고 있기 때문에 모든 은하는 서로 멀어지고 있어요. 멀리 있는 은하일수록 더 빠른 속도로 멀어지지요. 거꾸로 생각해 보면 먼 옛날에는 우주의 모든 물질들이 하나의 점 안에 모인 듯 가까웠을 거예요.

우리는 우주를 잘 몰라요

우주 대부분을 차지하는 물질이 무엇인지 보지도 못하고 알지도 못해요.

암흑 물질

우주를 구성하는 물질 가운데 은하와 블랙홀, 항성, 행성, 위성처럼 우리 눈에 보이는 물질들은 단 4퍼센트에 불과해요. 우리 눈에 보이지도 않고 감지할 수도 없는 암흑 물질이 훨씬 더 많지요.

아래는 어림짐작한 값이에요.

암흑 에너지

과학자들을 더 당황스럽게 만드는 것은 암흑 에너지예요. 이것은 일종의 '반중력'으로, 우주를 밀어내는 힘이에요.

- 4% 관측 가능한 물질
- 23% 암흑 물질
- 73% 암흑 에너지

지구는 거대한 자석이에요

나침반을 꺼내 보세요. 바늘이 북극을 향해 움직이죠? '지구 자기장'이 작용하기 때문이에요.

지구 자기장

지구의 내핵은 대부분 고체 상태의 철이에요. 내핵을 둘러싸고 있는 외핵은 액체 상태의 금속인데, 내핵의 열을 받아 서서히 움직이면서 거대한 자기장을 만들어요.

외핵
내핵

보이지 않는 방패

지구 자기장은 우주로 뻗어 나가요. 이 보이지 않는 힘은 태양에서 나온 해로운 우주 방사선이 지구로 들어오지 않게 막아 주지요.

또 다른 북극

지리적 북극(지구에서 가장 북쪽인 지점)과 자북극(나침반의 바늘이 가리키는 자기적 북극)은 같은 곳이 아니에요. 자북극은 조금씩 움직이는데, 현재는 두 북극이 서로 500킬로미터 정도 떨어져 있어요.

극지방보다 적도 지방이 더 빠르게 자전해요

지구가 둥글기 때문이에요!

둥그런 지구의 자전

지구는 자전축을 중심으로 하루에 한 바퀴씩 스스로 돌아요. 그런데 지구는 타원형이기 때문에 적도의 둘레가 극지방의 둘레보다 훨씬 길어요. 같은 시간 안에 적도도 극지방도 한 바퀴를 돌리면 적도가 극지방보다 빠르게 돌 수밖에 없지요. 적도에 있는 물체가 극지방에 있는 물체보다 더 먼 거리를 움직여야 하니까요!

빙글빙글

지구의 적도 둘레는 약 4만 킬로미터이고, 지구는 24시간마다 한 바퀴를 자전해요. 적도에서는 물체가 시속 1,670킬로미터의 아찔한 속도로 돈답니다.

지구의 중심부는 끈적끈적해요

지구 바깥쪽은 단단한 암석층이지만, 그 안쪽에는 액체가 흘러요.

고체
액체
맨틀
지각

양파 같은 지구

지구는 양파처럼 여러 겹이에요. 대기권에서 중심으로 향할수록 밀도가 점점 더 높아지지요. 단단한 '지각' 아래층에는 지구 부피의 80퍼센트 이상을 차지하는 2,900킬로미터 두께의 '맨틀'이 있고, 그 안쪽에는 '핵'이 있답니다.

캐러멜 같은 지구

지구 중심부로 들어갈수록 온도가 높아져요. 맨틀은 암석으로 이루어져 있지만 아주 뜨거운 온도에 캐러멜처럼 끈적하게 녹아내려 아주 느리게 움직여요.

지구의 중심에는 귀금속이 많아요

지구 표면에는 금이 아주 조금밖에 없지만 중심부에는 아주 많아요.

사라지는 마법

지구가 처음 만들어졌을 때는 지구 전체가 아주 뜨겁고 끈적끈적한 금속 액체 덩어리였어요. 그 가운데 철과 니켈처럼 무거운 물질은 중심으로 가라앉아 핵을 이루었어요. 철과 쉽게 결합하는 코발트, 백금, 이리듐, 오스뮴, 금 등도 가라앉아 지표면에서 사라졌지요.

운석이 준 선물

과학자들은 지구 표면에 있는 귀금속은 대부분 운석이 지구와 충돌하면서 남긴 것이라고 보아요.

국제 대회 수영장을 3개 합치면 지금껏 채굴한 금을 모두 넣을 수 있어요.

화산과 지진

지구의 지각은 7개의 거대한 판과 10여 개의 작은 판으로 갈라져 있어요. 이 판들은 퍼즐 조각처럼 서로 들어맞아요.

지각판들은 손톱이 자라는 속도와 비슷한 속도로 움직여요. 지진은 대개 이 지각판들이 크게 또는 갑자기 움직일 때 일어나지요.

지진은 해마다 수백만 번 일어나지만, 피해를 주는 지진은 그중 100건 정도예요.

지진해일(쓰나미)은 바다 밑에서 일어나는 지진인 해저 지진에 뒤따라와요. 이때 상승한 바닷물이 약 시속 1,000킬로미터로 밀려와 해안에 닿으면 파도가 30미터까지 치솟기 때문에 어마어마한 피해를 남겨요.

화산은 4분의 3 이상이 '불의 고리'라고 불리는 환태평양 지역에 있어요.

화산은 짧은 시간에 만들어지기도 해요. 1943년, 멕시코 파리쿠틴에 있는 옥수수밭에서 마그마가 분출됐어요. 옥수수밭은 일주일 만에 150미터 높이의 언덕으로 변했고, 그해 말에는 330미터 높이의 화산이 되었어요.

오늘날 활화산은 약 1,500개가 있으며, 500억 명의 사람들이 활화산의 영향을 받는 위험한 지역에 살아요.

세계 최대의 지진은 1960년에 칠레에서 발생한 규모 9.5의 '발디비아 지진'이에요.

일본에는 대왕산갈치가 해안가에 나타나면 지진이 일어난다는 속설이 있어요.

화강암은 세계에서 가장 흔한 암석이에요

전 세계 어디에서든 흔히 발견되지요.

다용도로 쓰이는 화강암

주방 조리대, 욕실 타일, 조각과 기념물, 건물의 반짝이는 전면 장식까지 어디에든 쓰여요.

풍화에 강해요!

화강암은 풍화를 잘 견디는 단단한 암석이에요. 지구에는 화강암으로 만들어진 멋진 풍경들이 많지요. 한반도에도 강원도 일대의 설악산, 서울의 북한산, 대구의 팔공산, 부산의 금정산 등이 화강암으로 이루어져 있어요.

산에 새긴 얼굴

미국 러시모어산에는 화강암을 깎아 만든 미국 대통령들의 조각상이 있어요. 14년에 걸쳐 다이너마이트를 터뜨려 45만 톤의 돌을 제거하여 다듬은 이 조각상이 풍화되려면 700만 년 넘게 걸릴 거예요.

가장 높은 봉우리는 죽음의 지대에 있어요

해발 8,000미터 이상의 고지대를 '죽음의 지대'라고 해요. 생명이 위험할 정도로 산소가 부족하기 때문이에요.

얇은 공기층

'세계의 지붕'으로 불리는 에베레스트산에 올라가면 기압이 낮아져서 산소를 충분히 마실 수 없어요. 이 때문에 두통, 구토, 의식 저하를 일으키는 고산병에 걸리면 생명이 위험해지기도 하지요. 그래서 산악인들은 높은 산을 오를 때 산소통을 가져가곤 해요.

위대한 셰르파

죽음의 지대에 오르며 산소통의 도움 없이 산을 타는 사람들도 있어요. 1999년에 산악인을 안내하는 한 셰르파가 산소통도 없이 에베레스트산 정상에서 21시간을 머물렀답니다.

에베레스트산은 가장 높은 산이 아니라고요?

에베레스트산은 해발 고도가 가장 높다고 알려져 있지만, 산 자체의 높이가 가장 높지는 않아요.

고원 위의 산

에베레스트산은 해수면에서 정상까지의 높이가 약 9,000미터에 이르러요. 하지만 티베트고원의 높이를 뺀 에베레스트산의 높이만 따져 보면 3,600미터 정도예요.

평지 위의 산

아프리카 평원에 있는 탄자니아의 킬리만자로산은 에베레스트산보다 등반길이 더 길어요. 정상까지의 높이가 5,900미터에 달한답니다.

해저 위의 산

하와이의 마우나케아산은 해저에서부터 측정한 높이가 1만 미터가 넘어요.

티베트의 야루짱부 대협곡은 세상에서 가장 깊은 협곡이에요

에펠탑 20개를 쌓아 올릴 수 있을 정도이지요.

광활한 협곡

야루짱부 대협곡에서 가장 깊은 곳은 6,000미터에 이르러요. 미국의 그랜드 캐니언보다 3배 이상 더 깊고, 엠파이어 스테이트 빌딩을 13채가량 합친 높이와 같아요.

이름 부자

야루짱부 대협곡을 '창포 협곡' 또는 '브라마푸트라 협곡'으로 부르기도 해요.

야루짱부강

야루짱부 대협곡을 지나 벵골만에 닿는 야루짱부강은 세계에서 가장 높은 곳에서 흐르는 강으로, 티베트인들에게는 '어머니의 강'으로 여겨져요.

대기와 기후 변화

대기의 3분의 2는 지상에서 8킬로미터 이내에 있어요.

구름의 평균 무게는 코끼리 100마리와 맞먹어요.

과학자들은 지상에서 100킬로미터 올라간 지점을 우주의 경계로 삼아요.

지구의 날씨 현상은 지표면에서 가장 가까운 대기층인 '대류권'에서 일어나요.

'제트 기류'는 매우 빠르고 강력한 바람으로, 최고 시속이 443킬로미터에 이르러요.

오존은 특이한 냄새를 풍기는 푸른색 기체예요. 지표면 가까이에 있을 때는 해롭지만, 하늘에 있을 때는 자외선을 막아 지구를 지켜 주지요.

1톤의 공기가 언제나 우리를 누르고 있지만, 우리가 느끼지는 못해요.

대기권은 두툼한 담요와도 같아요. 태양 에너지를 지구에 가두어 온실 효과를 일으키거든요.

이산화탄소처럼 온실 효과를 일으키는 온실가스가 없으면, 지구의 열이 모두 우주로 빠져나가 버릴 거예요.

온실 효과는 계속 지구를 따뜻하게 만들어요. 여기에 화석 연료를 쓰면서 발생한 온실가스가 더해져 지구의 온도가 올라가고 있어요.

이산화탄소

자외선

태양풍은 하늘에 빛을 만들어요

극지방의 밤하늘에 펼쳐진 알록달록한 빛은
지구 자기장이 지구를 지키고 있다는 증거예요.

찬란한 오로라

'오로라'는 태양에서 나온 입자가
지구 대기권의 기체와 부딪히면서 빛을 내는
현상이에요. 반짝이는 커튼이 드리워진 것처럼
극지방의 하늘이 빛나지요. 북극의 오로라는
'북극광', 남극의 오로라는 '남극광'이라고 해요.

지구의 보호막

태양은 전기를 띤 입자들을 끊임없이 우주로 뿜어내요.
지구 자기장이 없었다면 이 태양풍이 지구의 대기와
생명을 모두 파괴해 버렸을 거예요. 보이지는 않지만
지구 자기장이 태양에서 오는 입자와 우주 방사선을
밀어내거나 가두어서 지구를 지켜 주지요.

지구의 극점에서는 시간을 어떻게 정할까요?

지구 표면을 따라 북극과 남극을 잇는 가상의 세로선인 '경선'을 잘 생각해 보세요.

표준시

'그리니치 표준시(GMT)'는 영국 그리니치 천문대를 기준으로 하는 국제 표준시예요. 이 천문대를 지나는 경선인 '본초 자오선(경도 0도)'을 기준으로 세계는 24개의 지역으로 구분되어 시간 차이가 나요. 본초 자오선의 동쪽에 있는 지역은 언제나 그리니치 표준시보다 빠르고 서쪽에 있는 지역은 그리니치 표준시보다 느려요.

*현재는 북극에서 실제로 그리니치 표준시를 사용해요.

극점의 수수께끼

북쪽으로 계속 걷다 보면 모든 방향이 남쪽을 가리키는 곳에 닿게 돼요. 바로 북극점이지요. 이곳은 모든 경선이 만나는 지점으로, 이론상으로는 특정 시간대가 아니라 24시간의 모든 시간이 적용돼요.*

북극점

경선

지구에서 해가 가장 잘 드는 곳은 연간 일조 시간이 4,000시간이에요

미국 애리조나주의 유마는 세계에서 가장 화창한 도시예요.

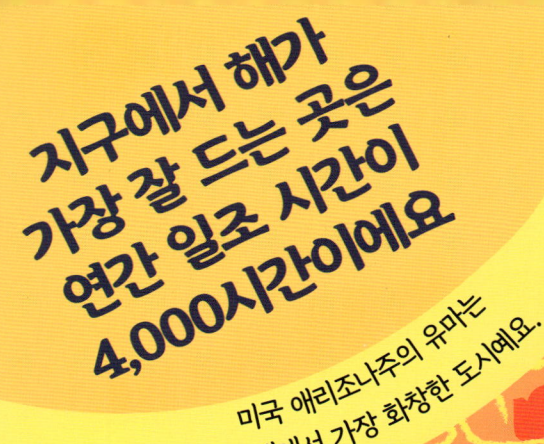

햇빛의 도시

1년 내내 맑은 하늘과 쨍쨍한 햇빛을 보고 싶다면 유마로 떠나야 해요! 유마에서는 햇볕이 내리쬐는 시간이 언제나 하루에 8시간을 넘거든요.

백야의 땅

지구의 가장 북쪽에 있는 거주지인 엘즈미어섬은 여름이면 태양이 지평선 아래로 떨어지지 않는 '백야 현상'이 일어나 밤에도 낮처럼 환해요! 캐나다의 이 작은 마을은 5월이 되면 일조 시간이 16시간에 달한답니다.

지구에서 번개가 가장 많이 치는 곳은 호수예요

베네수엘라의 마라카이보 호수에는
1년에 번개가 300번가량 내려쳐요.

번쩍번쩍

번개는 구름에 쌓인 전기가 순간적으로
방출되는 현상이에요. 구름 입자는 양전하와
음전하를 가지는데, 전하의 개수를 맞추기 위해
전하 입자들이 움직이면서 전기가 방출되지요.
이때 생기는 아주 높은 빛 에너지가 번개예요.

번개에는 토스트
10만 장을 구울 수
있는 에너지가 들어
있어요. 냠냠!

불행 중 다행

미국의 국립 공원에서 일하던
로이 설리번은 1942년부터
1977년까지 번개를 7번이나
맞았지만, 매번 살아남았어요!

미국의 데스밸리는 세계에서 가장 더운 곳이에요

'죽음의 계곡'이란 뜻인 이 황무지에서는
오전 10시 이후로는 나가지 않는 게 좋아요.

으악, 더워!

1913년 7월 10일,
데스밸리는 섭씨 57도로
최고 기온을 기록했어요.

가라앉은 용광로

데스밸리는 뜨겁기만 한 곳이 아니에요. 이곳에는 미국에서 가장 낮은 지대도 있지요. '배드워터베이슨'이라는 지역은 해수면보다 86미터 정도 낮아요.

기다란 식물 뿌리

데스밸리의 목마른 식물들은
땅속 30미터 아래까지 뿌리를 내려
깊은 땅속 수분까지 쪽쪽 빨아들여요.

지구에서 가장 추운 곳은 남극 대륙이에요

2013년, 나사에서 위성으로 측정한 남극 온도는 섭씨 영하 94.7도였어요.

가장 추운 기지

위성으로 남극 온도를 측정하기 전에 기록된 최저 기온은 섭씨 영하 89.2도였어요. 보스토크 기지 지상에서 관측한 온도였지요.

남다른 호흡법

남극에 간 과학자들은 얼어붙은 공기를 바로 폐로 호흡하지 않아요. 소매로 들어와 외투를 거치면서 데워진 공기를 튜브로 들이마시지요.

빙판 달리기

남극 연구자들은 지루함을 달래기 위해 섭씨 영하 73도의 겨울 왕국에서 옷을 벗고 달리기도 해요!

세계에서 바람이 가장 많이 부는 곳은 남극이에요

매서운 바람

1913년, 한 남극 탐험대가 남극의 커먼웰스만에 들어섰지만 시속 153킬로미터로 부는 바람 때문에 탐험을 멈춰야 했어요. 사실 남극에서 풍속을 측정하기는 어려워요. 바람이 너무 강해서 장비를 망가뜨리기 일쑤거든요.

오스트레일리아의 바람

1996년, 오스트레일리아 배로우섬의 무인 기상 기지에서 시속 408킬로미터에 이르는 사상 최고의 강풍이 기록되었어요.

미국 중심부에 있는 오클라호마주는 '토네이도 골목'이라 불릴 정도로 토네이도가 자주 발생해요. 2011년 4월에는 토네이도가 6일 동안 134번 일어났어요.

태풍은 원자 폭탄 1만 개와 맞먹는 에너지를 내뿜어요

'태풍'은 북서 태평양에 발생하는 열대성 저기압이에요. 북중미에서는 '허리케인', 인도양과 남반구에서는 '사이클론'이라 부르지요.

어마어마한 힘

태풍의 강력한 바람은 시계 반대 방향으로 빠르게 회전해, 그 바람만으로 1.5테라와트의 전기를 만들 수 있어요. 여기에 바닷물을 증발시켜 구름과 비를 만드는 에너지를 합치면 600테라와트의 힘을 지닌 셈이에요. 원자 폭탄 1만 개와 같고, 전 세계 발전소의 생산량보다 200배 높은 에너지랍니다.

서로 다른 파괴 범위

사실 태풍과 폭탄을 비교하는 데는 문제가 있어요. 태풍은 넓은 지역에 에너지를 방출하지만, 폭탄은 좁은 공간에 에너지를 한꺼번에 내보낸다는 점에서 차이가 있거든요.

세계에서 가장 축축한 마을은 인도에 있어요

인도의 메갈라야주는 세계에서 비가 가장 많이 내리는 아열대림이에요.

비가 주룩주룩

메갈라야주에 비가 많이 내리는 이유는 벵골만에서 오는 열대성 저기압이 히말라야산맥에 부딪히면서 비를 쏟아 내기 때문이에요.

생활 속 지혜

메갈라야주 사람들은 대나무와 바나나 잎으로 만든 커다란 모자를 쓰고 생활하며 습한 날씨를 견뎌요. 또한 목재로 만든 다리는 쉽게 썩기 때문에 살아 있는 고무나무의 뿌리가 강 건너로 뻗게 만들어 다리로 사용해요.

모신람 VS 체라푼지

메갈라야주에 있는 모신람 마을과 체라푼지 마을은 강수량으로 1, 2등을 다투어요. 모신람의 연평균 강수량은 1만 1,872밀리미터이며, 체라푼지의 연평균 강수량은 1만 1,777밀리미터예요.

세계에서 가장 넓은 사막에는 모래가 없어요

펭귄과 바다표범이 사는 남극 대륙이 바로 그 사막이랍니다.

얼음 사막

얼음으로 가득한 남극의 면적은 1,400만 제곱킬로미터에 달해요. 사하라 사막의 1.5배나 되지요.

혹독한 기후

사막은 1년 동안 비가 250밀리미터도 내리지 않는 곳이에요. 물이 부족하고 매우 건조해서 식물이 자라기 어려워요.

지표면의 약 70퍼센트는 물로 덮여 있어요

약 4분의 3이 물에 잠겨 있는 셈이지요.

물의 세계

지구는 물로 출렁거려요. 지구의 물 가운데 96퍼센트가 바닷물이지요. 물은 수증기와 구름으로 하늘을 채우고, 강과 호수에도 가득해요. 만년설과 빙하로 저장되거나 지하수로 고여 있기도 하지요. 생물들의 몸 역시 대부분 물로 채워져 있어요.

눈 또는 비

물의 순환

물은 가만히 멈춰 있지 않아요. 바다에서 하늘로 올라가고, 하늘에서 내려와 강과 지하수를 채우지요. 물은 모습을 바꾸며 끊임없이 움직여요.

바닷물

비닐봉지 하나가 분해되려면 500년이 걸려요

우리가 버린 플라스틱 쓰레기는 2500년이 되어도 어딘가에 남아 있을 거예요.

미세 플라스틱

비닐봉지와 페트병 같은 플라스틱 제품은 미생물로는 분해되지 않고 햇빛으로 분해돼요. 자외선이 플라스틱의 화학 결합을 깨뜨려 천천히 더 작은 조각으로 부수지요.

해마다 약 1조 장의 비닐봉지가 버려져요.

쓰레기 섬

태평양에는 미국 텍사스주와 맞먹는 크기의 쓰레기 섬이 있어요. 지금도 바다에 버려진 플라스틱은 해류를 타고 거대한 쓰레기 섬으로 모여들지요. 이곳에 모여든 플라스틱은 잘게 부서지며 유독 성분을 내보내 해양 생물들의 삶을 위협해요.

우리 몸은 60~100조 개의 세포로 이루어져요

'세포'는 모든 생명체의 기본 단위예요.

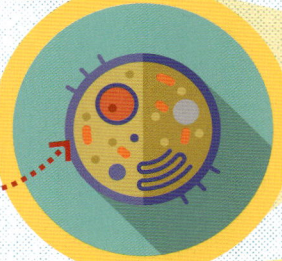

'세포막'은 세포 안과 바깥의 경계가 되는 막이에요.

세포와 세포막

모든 생물은 세포로 이루어져 있어요. 세포는 현미경으로 봐야 할 만큼 아주 작아요. 세포막은 마치 집처럼 세포를 둘러싸고 나쁜 물질이 세포 안으로 들어오지 않게 막아 주지요. 세포는 몸이 작동하는 데 필요한 화학 물질이 담긴 액체로 채워져 있어요.

1조는 얼마나 큰 수일까요?

1조는 100만의 100만 배예요. 1에 0이 12개 붙은 수이지요. 1초마다 하나씩 1부터 1조까지 멈추지 않고 세려면 3만 2,000년이 걸려요.

1 … 2 … 11,024 … 222,222 …

우리 몸에는 세균이 가득해요

그것도 세포보다 10배 정도 많지요.

지구에 사는 인구수보다 우리 피부에 있는 생물의 개체 수가 더 많아요.

세균과의 공생

우리는 세균과 함께 살아가요. 하지만 걱정하지 마세요. 필요하고 유익한 세균도 많으니까요. 세균들은 대부분 내장 속에 살면서 우리가 먹은 음식을 분해해 줘요. 세균이 없었다면 우리는 오래 살 수 없을 거예요.

내장

우리 몸속 미생물은 약 1킬로그램이나 돼요.

우리 몸의 DNA를 쭉 펼치면 지구와 명왕성을 왕복할 수 있어요

한 번이 아니라 최소한 17번을요!

DNA가 얼마나 많을까요?

지구와 명왕성은 약 60억 킬로미터 떨어져 있어요. 나사의 탐사선 뉴허라이즌스호는 시속 8만 3,000킬로미터로 날아 10년 만에 명왕성에 닿았지요. 같은 속도로 한 줄로 풀어진 DNA를 따라간다면 323년이 지나야 그 끝에 도착해요.

실타래 같은 DNA

세포 한 개 안에 촘촘하게 감겨 있는 DNA를 풀어 보면 그 길이는 2미터 정도예요.

우리는 토마토보다 유전자가 적어요

토마토의 유전자가 왜 그렇게 많은지는 아무도 몰라요.

닭과 포도 사이

유전자는 DNA의 한 부분으로, 생물의 세포를 구성하고 유지하는 데 꼭 필요한 정보를 담고 있으며 자손에게 유전되어요. 생물의 유전자 수는 종마다 달라요. 인간에게는 2만~2만 5,000개가 있는데, 닭보다는 많고 포도보다는 적지요.

유전자 수

닭 - 약 1만 7,000개
포도 - 약 3만 개
토마토 - 약 3만 5,000개

인간의 몸은 대부분 물이에요

인간은 물이 없으면 4일도 버티지 못해요.

물주머니

우리는 커다란 물주머니예요. 사실 작은 물주머니가 아주 많다고 하는 것이 좀 더 정확한 표현이지요. 우리 몸에 있는 액체는 대부분 세포 안에 있거든요. 각각의 세포는 약 3분의 2가 물이에요.

나머지 물은 어디에 있을까요?

세포 바깥에도 14리터 정도의 물이 있어요. 여기에는 혈액, 뇌와 척수를 보호하는 뇌척수액, 눈 내부를 채우는 수양액, 관절의 윤활액, 그리고 세포를 둘러싼 림프액이 포함되지요.

갓난아이는 약 4분의 3이 물이에요.

우리 몸에 별이 있어요!

우리 몸 대부분이 별의 잔해에서
나온 원소들로 이루어져 있거든요.

몸속 우주

우리는 별과 아주 특별한 관계예요. 우리 몸에 있는 대부분의 원소는 수십억 년 전 초신성 폭발로 우주를 떠돌던 별의 잔해에서 왔거든요.

별의 폭발

별은 중심부에서 핵융합 반응으로 수소 원자들을 결합해 더 무거운 원소를 만들어요. 수소를 모두 써 버린 별은 폭발하기도 하지요. 이렇게 어마어마한 폭발로 새로운 화학 원소가 우주에 퍼진답니다.

우리 몸에는 철이 4그램 정도 있어요

손톱이 7센티미터 자라는 데 필요한 양이지요.

혈액 속의 철

우리 몸에 있는 철의 절반은 혈액에 섞여 있어 세포에 산소를 전달하는 데 쓰여요. 나머지는 간과 비장, 골수 같은 곳에 흩어져 있지요.

금속 탐지

뼈와 치아에는 칼슘이 약 1킬로그램 있어요. 이 정도면 분필 1만 8,000자루를 만들 수 있지요.

우리 몸에는 탄소도 있어요

숯 4자루를 만들 만큼 많은데,
탄소는 생명체를 이루는 기본 물질이에요.

바비큐 파티!

우리 몸무게의 3분의 2를 차지하는 원소는 산소이지만 대부분 물의 형태로 존재해요. 그다음으로 많은 원소인 탄소는 세포를 이루는 아주 중요한 물질이지요. 우리 몸속에 있는 약 10킬로그램의 탄소를 모아 숯을 만든다면 바비큐 파티를 실컷 즐길 수도 있을 거예요!

바비큐가 싫다면?

연필 9,000자루의 연필심을 만들 수도 있지요.

혈액

성인의 몸에는 5리터 정도의 혈액이 흘러요.

혈액은 적혈구 때문에 빨간색이에요.

산소가 풍부한 동맥의 혈액은 붉은색인데, 산소를 잃은 정맥의 혈액은 검붉은색이에요.

우리 몸속 세포 가운데 약 4분의 1이 적혈구예요.

혈액은 산소와 영양소를 세포에 공급하고 노폐물을 가져가요.

적혈구는 단 1분 만에 우리 몸을 한 바퀴 돌며 산소를 날라요.

혈액은 파래지지 않아요. 다만 정맥은 피가 검붉은 데다 파장이 짧은 푸른빛이 다른 빛보다 쉽게 반사되기 때문에 피부 바깥에서 보면 푸르게 보일 뿐이에요.

혈액의 액체 성분인 '혈장'은 사실 노란색이에요.

피 한 방울에 들어 있는 적혈구는 약 2억 5,000만 개예요.

우리 몸은 1초에 200만 개가 넘는 혈구를 새로 만들어 내요.

폐를 평평하게 펼치면 테니스 경기장을 덮을 수 있어요

폐는 산소를 공급하고 몸속에 쌓인 이산화탄소를 몸 밖으로 내보내요.

테니스 경기장은 가로가 23.77미터, 세로가 10.97미터예요.

폐는 왼쪽이 오른쪽보다 약간 작아요. 왼쪽 폐 부근에 심장이 자리하고 있거든요.

가슴에 한가득

폐는 혈액과 공기가 최대한 많이 닿도록 혈류에 공기를 계속 불어넣고 또 빼내요. 각 폐 속에는 '폐포'라는 3억 개의 작은 공기주머니가 있고, 수많은 모세 혈관으로 덮여 있지요.

아기는 어른보다 뼈가 100개 정도 더 많아요

성인의 몸에는 뼈가 206개, 아기의 몸에는 약 305개가 있어요.
아기의 몸은 뼈가 많은데도 왜 부드럽고 말랑말랑할까요?

아기의 뼈

아기는 태어날 때 자궁을 쉽게 빠져나올 수 있도록 뼈가 물렁물렁한 데다가 여러 조각으로 나뉘어 있어요. 아기가 자라면서 뼈는 점차 단단해져요.

말랑말랑한 두개골

갓난아기의 두개골은 뼈들이 다 붙지 않은 상태라 말랑말랑해요. 그래서 주로 눕는 자세에 따라 머리뼈 모양이 달라지기도 하지요.

115

우리 몸에서 가장 작은 뼈는 등자뼈예요

귓속에 있는 쌀 한 톨만 한 뼈예요.

속닥속닥

귀의 구조

귀는 독특하고 정교한 구조를 통해 공기 중의 진동을 뇌로 전달해요. 크게 '바깥귀', '가운데귀', '속귀'로 나뉘지요.

고막

망치뼈

모루뼈

등자뼈

소리와 진동

소리는 바깥귀의 귓바퀴에 모여 귓구멍으로 흘러 들어간 뒤, 가운데귀에 있는 고막을 진동시켜요. 고막 뒤에 있는 작은 뼈 3개는 진동을 속귀로 전달해 주지요. 이 진동이 청각 세포를 자극하여 뇌로 전달되면 우리는 소리를 인식하게 돼요.

등자뼈는 말안장에 연결하는 발걸이인 등자처럼 생겼어요. 길이는 3밀리미터 정도예요.

뼈는 콘크리트보다 4배 더 강해요

칼슘이라는 성분이 뼈를 튼튼하게 만들어 주지요.

뼈의 강도

부피가 16세제곱센티미터인 뼈는 7톤의 무게를 받아도 부러지지 않아요. 소형 트럭 5대와 맞먹는 무게를 견디는 셈이지요.

뼈의 회복

뼈는 부러져도 저절로 치유돼요. 가장 흔하게 부러지는 부위는 팔이에요.

뼈의 성장

뼈는 사춘기에 성장을 멈추지만, 강도와 밀도는 살면서 계속 변해요.

이가 난 채 태어나는 아기도 있어요

대개는 잇몸만 가지고 태어나지만 드물게 작은 치아가 나 있기도 해요.

남다른 미소

아기는 보통 태어난 후 6개월이 될 때까지 치아가 없는데, 2,000명에 1명꼴로 치아가 난 채 태어나요. 방긋 웃는 아기의 입을 보다가 깜짝 놀랄 수도 있지요!

커다란 미소

영국 뉴베리에서 태어난 션 키니는 가장 많은 치아를 갖고 태어난 아기로 기록되었어요. 태어날 때 12개의 치아가 이미 나 있었답니다.

치아의 표면인 '법랑질'은 우리 몸에서 가장 단단한 물질이에요.

치아는 2번 나요

치아는 음식물을 씹고 으깨어 소화를 도와요.

1. 유치(젖니)

아기들은 태어난 후 4~6개월 사이에 유치가 나요. 3세가 되면 대부분 유치 20개가 다 나지요.

2. 영구치

5~6세가 되면 유치가 빠지기 시작하면서 영구치 32개가 나올 자리가 마련되어요. 영구치가 마지막 치아니까 잘 관리해 주어야 해요!

3. 사랑니

사랑니는 다른 영구치들보다 늦게 나요. 대개 17~21세 사이에 4개가 난답니다.

사람의 몸에는 근육이 650개 있어요

근육은 몸에서 밀도가 가장 높고 무거운 부위예요.

심장

골격근의 협동

우리가 몸을 움직이려 할 때면 골격근이 짝을 지어 움직여요. 골격근은 힘줄로 서로 다른 뼈에 연결되어 있는데, 근육이 수축하면 뼈에 연결된 힘줄이 당겨지면서 뼈도 함께 당겨져요.

강한 근육

우리 몸에서 가장 강한 근육은 교근이에요. 아래턱을 들어 올려 입을 다물 때 쓰는 근육이지요.

근육질 심장

우리의 심장은 하루에 약 10만 번을 뛰는 성실한 근육이에요.

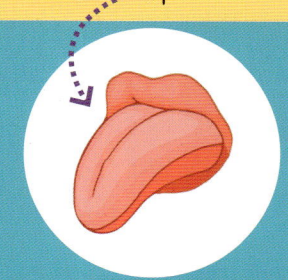

혀

유연한 근육

혀는 우리 몸에서 유일하게 한쪽 끝만 붙어 있는 근육이에요. 8개의 근육 덩어리가 모여 있어서 코끼리의 코처럼 유연하게 움직이지요.

어떤 사람은 발을 거의 180도로 돌릴 수 있어요!

남다른 관절

어떤 사람들은 몸의 일부를 특이한 모양으로 구부리거나, 관절을 뺐다가 다시 끼워 넣을 수 있기도 해요. 하지만 관절이 정상 범위보다 더 많이 움직인다고 이상한 것은 아니에요. 과운동성 관절은 관절을 제자리에 고정해 주는 인대와 힘줄이 느슨할 때 생길 수 있어요.

관절이 과도하게 늘어나고 펴지는 것을 의학 용어로 '과운동성'이라고 해요.

유연한 발

맥스웰 데이라는 어린이는 몸이 무척 유연해요. 발끝을 뒤로 157도까지 회전시킬 수 있거든요. 23도만 더 돌아가면 180도예요!

소화 기관

소화 기관은 음식을 잘게 부수어 영양분은 흡수하고 남은 찌꺼기는 대변으로 내보내요.

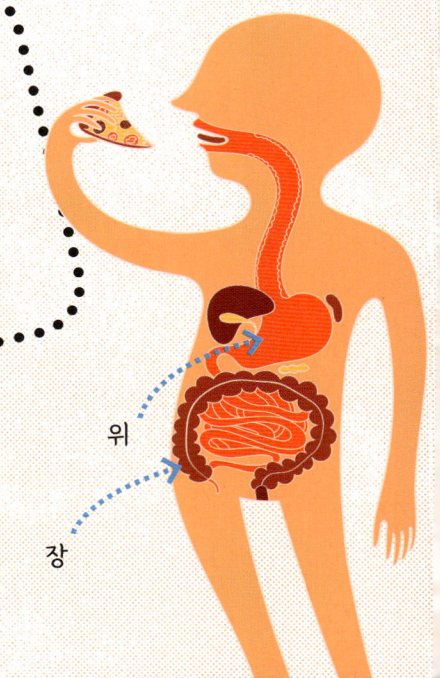

위

장

소화는 입에서부터 시작해요. 먼저 치아로 음식을 씹어 잘게 부순 뒤 침과 함께 삼키지요. 침은 매일 1리터씩 만들어져요.

소화 기관은 입에서 항문까지 이어지는 통로예요. 길이는 약 10미터로, 버스만큼 길지요.

장은 소장과 대장으로 나뉘어요.

소장은 음식에 담긴 영양분을, 대장은 물을 흡수해요. 그러고 난 뒤 남은 찌꺼기는 몸에서 빠져나가요.

간, 췌장, 쓸개에서 만들어진 화학 물질은 음식과 음료를 몸에서 연료로 쓸 수 있는 영양분으로 바꾸어 줘요.

장에는 세균이 잔뜩 있어요. 이 세균들이 내뿜는 가스 때문에 방귀가 나오는 거예요.

소장의 표면적은 피부의 표면적보다 약 10배 더 넓어요.

한 끼 식사가 소화되는 데는 보통 6~8시간이 걸려요.

2009년, 이탈리아 출신의 미켈레 포르지오네는 트림으로 세계 신기록을 세웠어요. 무려 1분 13초 동안 쉬지 않고 트림했답니다!

기생충은 우리 몸에서 25년을 살 수도 있어요

기생충에 감염되지 않게 조심하세요.

조충

내부의 적

인간의 몸은 기생충이 살기 좋은 보금자리예요. 기생충은 우리 몸속 장에 살면서 먹이를 얻는 회충부터 피부를 뜯어 먹으며 몸을 가렵게 하는 진드기까지 다양해요.

무임승차

기생충은 다른 생물에게 붙어사는 벌레예요. 숙주에게는 아무런 이익도 주지 않으면서 영양분만 쏙쏙 뽑아 가지요.

초대형 기생충

세계에서 가장 긴 기생충은 조충이에요. 1991년, 의사들은 샐리 메이 윌리스라는 사람의 몸에서 11미터 길이의 조충을 꺼냈어요!

68년 동안 딸꾹질을 한 사람이 있었어요!

찰스 오즈번의…… 딸꾹…… 딸꾹…… 슬픈…… 이야기예요.

운수 나쁜 날

1922년 어느 날 아침, 미국인 농부 찰스 오즈번은 수퇘지의 무게를 재다가 딸꾹질이 나왔어요. 역사상 가장 오래 이어진 딸꾹질의 시작이었지요.

딸꾹질 지옥

오즈번은 68년 동안 1분에 20~40번씩 딸꾹질을 했어요. 심지어 자는 동안에도요!

반가운 휴식

오즈번의 딸꾹질은 신기하게도 죽기 1년 전에 사라졌답니다.

딸꾹질이란?

딸꾹질은 폐 아래에 있는 얇은 근육층인 횡격막이 뜻하지 않게 수축을 반복하며 일어나요. 이때 숨을 쉬려고 하면 갑자기 성대가 닫히면서 '딸꾹' 소리가 나오지요.

평생 눌 소변을 모두 모은다면?

앗! 변기로는 어림도 없어요!

넘치는 소변

우리가 하루에 만드는 소변은 보통 1.5리터예요.
1년이면 욕조를 2번 채우고도 남지요!

평생 나오는 소변의 양

한 사람이 평생 만드는 소변의 양은 약 3만 6,000리터예요. 수도꼭지를 이틀하고도 반나절이나 계속 틀어 둘 때 나오는 양이지요. 수영장은 채우기 어렵지만 석유를 나르는 대형 탱크를 채우기에는 충분해요.

색다른 소변

비트를 먹으면 소변이 분홍빛으로 변해요.

평생 뀐 방귀를 모으면 축구공 2,000개 이상을 채울 수 있어요

우리는 하루에 방귀를 13번 정도 뀌어요.

방귀의 힘!

프랑스의 조셉 퓌졸은 방귀로 공연에 선 '방귀 아티스트'예요. 몇 걸음 떨어진 곳에 있는 촛불을 방귀로 끄기도 했대요!

우리가 하루에 내뿜는 방귀는 적게는 200밀리리터에서 많게는 1,500밀리리터에 이르러요. 풍선 하나를 가득 채우는 양이지요. 1년이면 180리터에 달해요.

우리 몸에서 가장 큰 기관은 몸속에 있지 않아요

간이 가장 크지 않느냐고요? 다시 생각해 보세요!

우리 몸의 보호막

피부야말로 우리 몸에서 가장 큰 기관이에요.
마치 신축성 좋은 포장지처럼 우리 몸 전체를 감싸
외부의 충격으로부터 몸을 보호하고,
벌레나 세균을 막아 주며 체온을 조절해요.

성인의 피부는 그 무게가 5킬로그램도 넘어요.

새로운 피부

피부는 매달 새롭게 교체돼요.
새로운 피부 세포가 끊임없이 만들어지면서
죽은 세포는 피부 바깥쪽으로 밀려나고,
새로운 피부층이 그 자리를 차지하지요.

여러 층의 피부

지방

사람은 숨을 20분 동안 참을 수 있을까요?

특별한 훈련을 받지 않으면 보통 90초가량 참을 수 있어요.

물속에서의 신체 변화

포유류는 얼굴이 물에 잠기면 심장 박동이 느려지고, 팔다리에 있던 혈액이 머리와 가슴 쪽으로 옮겨 가요. 그래야 물속에서 조금 더 잘 견딜 수 있기 때문이에요.

숨 참기 경쟁

크로아티아의 부디미르 부다 쇼바트는 2021년 3월 27일에 단 한 번의 호흡으로 24분 33초 동안 잠수해, 숨 참기 세계 신기록을 세웠어요.

가장 깊은 잠수

러시아의 프리다이버인 알렉세이 몰차노브는 2016년에 산소통 없이 오리발을 신고 수심 129미터까지 잠수했어요.

면도를 하지 않으면 턱수염은 키보다 길게 자라요

키의 2배 넘게 치렁치렁 자랄 거예요.

긴 턱수염

세상에서 가장 긴 턱수염을 기록한 사람은 캐나다의 사완 싱이에요. 뺨에서 수염 끝까지 잰 길이가 무려 2.5미터에 달했어요.

수염의 왕

하지만 한스 랑세스(1846~1927)의 수염에는 감히 비교도 할 수 없어요. 그는 5.3미터나 되는 수염을 옥수숫대에 감아 주머니에 넣고 다니는 것으로 유명했어요.

긴 구레나룻

25.5센티미터나 자란 미국인 비비안 윌러의 구레나룻은 여성 가운데 가장 긴 수염으로 기록되었어요.

얼굴에 으스스한 벌레가 살아요

속눈썹과 눈썹에는 다리가 8개 달린 초소형 진드기가 살기도 해요.

모낭충

모낭충은 길이가 0.3밀리미터에, 짧고 뭉툭한 다리가 달린 작은 손가락처럼 생겼어요. 우리 얼굴의 모낭에 파묻혀 살며 우리가 분비하는 기름을 야금야금 먹다가, 밤에는 피부 위를 돌아다니며 다른 진드기들을 만나요.

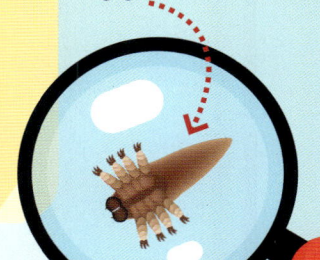

모낭충

내 얼굴에도 있을까요?

한 연구에 따르면 안타깝게도 얼굴에 진드기의 DNA가 없는 성인은 없대요!

새로 씌운 깨끗한 베갯잇 아래에는 무엇이 있을까요?

베개에는 세균과 벌레가 가득해요.

악몽 같은 베갯속

베개는 사용한 지 3년 정도 지나면 처음보다 2배나 무거워져요. 세균과 집먼지진드기, 집먼지진드기의 배설물, 각질이 쌓이기 때문이지요. 으악!

집먼지진드기

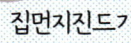

무수한 각질

오래된 피부 세포인 각질이 1분마다 약 3~4만 개씩 몸에서 떨어져 나가요. 1년이면 약 4킬로그램의 각질이 떨어지는 셈이에요.

얼굴이 빨개지면 위도 달아올라요

난처한 상황에 처하면 배 속도 화끈거린답니다.

붉은 얼굴

스트레스를 받으면 우리 몸은 바빠져요. 위험한 상황에 빠졌다고 인식하기 때문에 아드레날린을 분비해 혈관을 확장시켜 도망가거나 싸울 준비를 하지요. 이때 확장된 혈관으로 더 많은 혈액이 흐르면서 피부가 붉게 변해요.

붉은 몸

두 뺨만 달아오르는 게 아니에요. 작은 혈관에 둘러싸인 위 또한 아드레날린의 영향을 받아 붉어져요.

위

명석한 두뇌

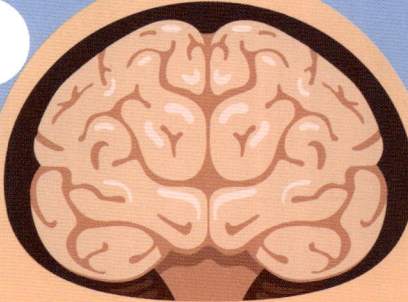

뇌의 평균 무게는 1.4킬로그램으로, 토끼 한 마리의 무게와 비슷해요.

뇌는 몸무게의 15분의 1을 차지하지만, 에너지의 5분의 1을 써 버려요.

뇌의 질감은 두부와 비슷해요.

뇌의 바깥층은 두께가 2밀리미터에 불과하지만, 평평하게 펼치면 베갯잇만 해요.

뇌는 부피는 작아도 주름져 있어서 표면적이 넓고, 그만큼 많은 신경 세포가 자리하고 있어요. 또한, 주름 덕분에 신경 세포 사이의 거리가 가까워 정보가 빠르게 전달되지요.

인간의 뇌는 몸집이 비슷한 다른 포유동물의 뇌보다 3배 이상 커요.

우리 뇌는 12와트 전구를 켤 수 있는 전기를 만들어 내요.

뇌 자체에는 신경 말단이 없어서 통증을 직접 느끼지 못해요. 대신 특별한 통증 수용체가 통증을 전달해 주지요.

우리 뇌에는 시냅스가 약 100조 개 있어요. 우리 은하에 있는 별보다 더 많지요.

시냅스는 서로 다른 신경 세포들이 신호를 주고받는 연결 부위예요.

뇌에 있는 가느다란 신경 섬유 수십억 개를 모두 풀어내면 지구를 4바퀴 감을 수 있어요.

우리 몸에 있는 신경은 거의 75킬로미터에 이르러요

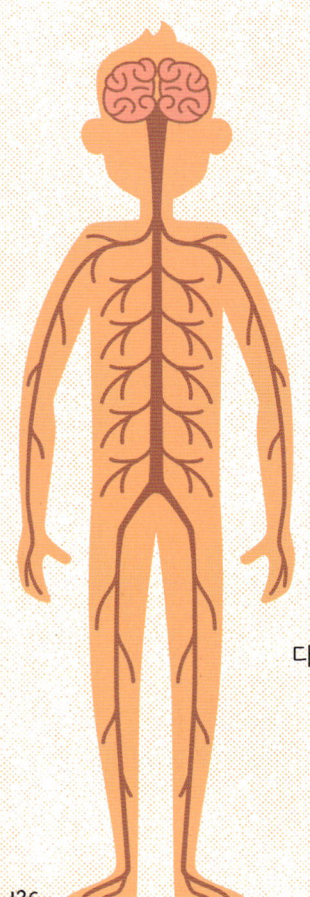

신경계

신경은 몸 안팎의 변화에 대처하기 위해 전기 신호와 화학 신호를 뇌로 보내 몸이 제대로 기능하도록 조정해요.

민감한 피부

감각 수용체가 모여 있는 손바닥, 발바닥, 입술은 다른 신체 부위보다 감각이 예민해요.

뇌의 신경 세포는 약 1,000억 개예요.

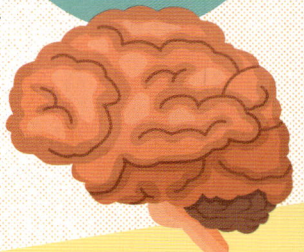

신경 신호는 경주용 자동차보다 더 빨리 이동해요

우리 몸은 메시지를 효율적으로 빠르게 전달하지요.

초고속 메시지

신경마다 자극을 전달하는 속도가 달라요. 가장 빠른 신경 섬유는 시속 400킬로미터로 자극을 전달하지요. 경주용 자동차보다 더 빠르게요!

목표는 신속한 전달!

즉각적인 반사가 필요한 자극을 받으면, 더 빠른 신경 섬유가 신호를 전달해요. 이 신경 섬유들은 '말이집'이라는 지방으로 싸여 있어서 다른 신경보다 20배 더 빠르게 압력이나 통증 신호를 전달할 수 있어요. 그 덕분에 우리가 위험을 반사적으로 피할 수 있지요.

아이의 신경 반응 속도

신경이 반응하는 속도는 4세 무렵에 가장 빨라요. 신생아와 영아의 신경은 그보다 절반에 가까운 속도로 반응해요.

재채기는 왜 하는 걸까요?

재채기는 반사 운동이라 멈추기 쉽지 않아요.

5명 중 1명은 밝은 빛을 보면 재채기가 마구 나와요.

재채기의 효과

재채기는 기도를 깨끗하게 해 줘요. 콧구멍에 뭔가가 걸리면 몸에서는 '히스타민'이라는 화학 물질을 내보내 코를 간질간질 간지럽혀요. 그러다가 마침내 에취! 하는 소리와 함께 코에 있는 골칫거리들을 쫓아내지요.

에취! 에취!

재채기는 두세 번 연거푸 나오곤 해요. 코를 성가시게 하는 원인이 빠져나오지 않아서 그래요. 알레르기 때문에 연이어 재채기하는 일도 흔하지요.

기침 한 번이면
침방울 3,000개가 발사돼요

기침의 위력은 어마어마하지요.

우리는 기침을 할 때 약 1.5리터 병을 가득 채울 만큼의 공기를 뱉어요.

입과 코를 가려요!

폐에서 뿜어져 나온 공기는 수천 방울의
침과 함께 1미터 넘게 날아가요.
그래서 병균이 기침으로
쉽게 퍼지는 거예요.

기침 시작!

✓ 공기를 깊이 들이마셔요.

✓ 들이마신 공기가 폐에 압축돼요.

✓ 가슴 근육이 1초만에 공기를 내보내 폭발하듯 기침이 나와요.

혀에는 약 1만 개의 미뢰가 있어요

대부분 혀끝에 있지요.

맛의 감각

혀 표면에 난 작은 돌기에는 맛을 느끼는 미각 수용체 50~150개가 모인 '미뢰'가 있어요.

우리가 혀로 느낄 수 있는 맛은 쓴맛, 단맛, 짠맛, 신맛, 감칠맛이에요.

미뢰는 입천장, 후두, 인두에도 있어요.

혀를 내두를 만한 혀

미국인 닉 스토벨은 세계에서 혀가 가장 길어요. 혀를 쭉 내밀었을 때, 혀끝에서 입술까지의 길이가 10.1센티미터랍니다.

우리 입에는 세계 인구보다 더 많은 세균이 살아요

세균은 입속을 무척 좋아하지요!

즐거운 우리 집

우리 입속은 세균에게 천국이에요.
달콤하고 맛있는 음식이 풍성하고,
어둡고 습한 데다 온도도
36.5도로 일정하니까요.

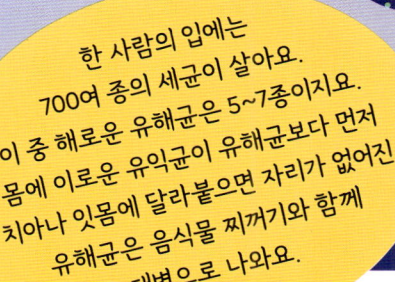

한 사람의 입에는
700여 종의 세균이 살아요.
이 중 해로운 유해균은 5~7종이지요.
몸에 이로운 유익균이 유해균보다 먼저
치아나 잇몸에 달라붙으면 자리가 없어진
유해균은 음식물 찌꺼기와 함께
대변으로 나와요.

이를 닦아요!

건강한 사람의 입속에도 1억 마리 이상의 세균이
살아요. 유해균은 어느 정도 모여야만 문제를
일으키기 때문에 입속의 세균을
관리하려면 꼼꼼하게 양치질해야 해요.

우리 눈은 물체를 거꾸로 보아요

수정체를 거치면서 물체의 상이 굴절되거든요.

뒤죽박죽 세상

눈으로 들어온 빛은 각막, 동공, 수정체, 유리체를 거쳐 망막에 도달해 상을 맺어요. 그런데 물체의 상은 수정체를 지나며 뒤집혀 망막에 거꾸로 맺히지요.

수정체

망막

빛

왜 세상이 거꾸로 보이지 않는 걸까요?

우리 뇌는 영리해서 뒤집힌 상을 바로 고쳐서 보아요. 심리학자 조지 스트래튼이 1890년대에 이를 입증했지요. 그는 위아래가 거꾸로 보이는 안경을 쓰고 지내는 실험을 했는데, 처음 4일 동안은 세상이 거꾸로 보였지만, 5일째부터는 다시 위아래가 바로 보였답니다.

우리 눈에는 맹점이 있어요

시야의 한가운데에 보이지 않는 곳이 있다는 뜻이에요.

맹점을 찾아보아요!

1. 종이 한 장을 반으로 접어요.

2. 가운데 접은 선에서 오른쪽으로 6센티미터 되는 지점에 X 표시를 해요.

3. 가운데 접은 선에서 왼쪽으로 6센티미터 되는 지점에 작은 점을 표시해요.

4. 종이를 눈앞에 들고 오른쪽 눈을 감아요.

5. 표시한 점에 시선을 고정하고, 천천히 종이를 멀어지게 해요. X 표시가 마법처럼 사라질 거예요!

눈의 빈틈

빛에 민감한 시각 세포는 눈의 가장 안쪽에 있는 망막에 분포해요. 시각 세포는 시신경을 통해 뇌에 정보를 보내지요. 그런데 시신경과 눈이 이어지는 부분에는 시각 세포가 없어요. 우리 뇌는 주변의 시각 정보를 바탕으로 빈 곳을 채워 넣지요.

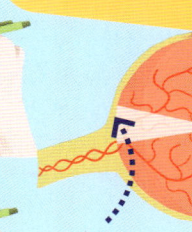

맹점

우리 귀는 저절로 깨끗해져요

따로 귀를 닦지 않아도 되지요.

귀지의 역할

귀지는 바깥에서 들어온 먼지와 각질 그리고 땀이 엉겨서 만들어지는 덩어리예요. 노란 귀지는 더럽게 느껴질 수 있지만 바깥귀길이 마르지 않게 도와주고, 감염과 귀로 들어가는 이물질을 막아 줘요.

자동 귀 청소

귀지는 파내지 않아도 돼요. 오래된 귀지는 턱을 움직일 때마다 귓구멍 바깥쪽으로 밀려 나오다가 저절로 떨어져 나오거나 씻겨 나가요.

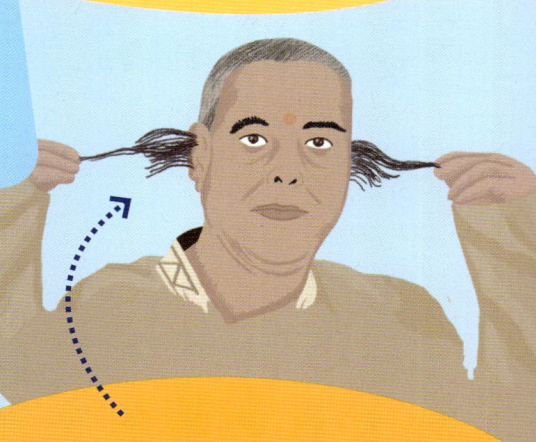

인도의 라드하칸 바자파이는 귀 털을 13.2센티미터까지 길러, 세계에서 가장 긴 귀 털을 가진 사람으로 기네스북에 올랐어요.

귀는 우리가 균형을 잡을 수 있게 도와줘요

단순히 소리만 듣는 기관이 아니지요.

평형 감각을 유지하는 귀

귀 안쪽 깊숙한 곳에는 달팽이의 등껍질 모양을 한 '달팽이관'과 3개의 작은 고리 모양을 한 '반고리관'이 있어요. 두 기관은 '림프액'이라는 액체로 차 있는데, 뇌가 이 림프액의 움직임을 감지해 몸의 균형을 잡아요.

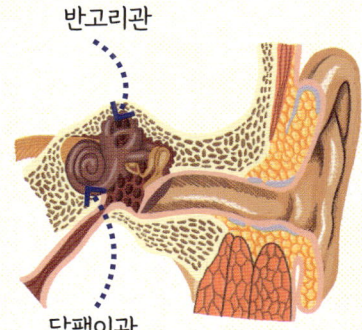

반고리관

달팽이관

기막히게 힘센 귀

만지트 싱은 세계에서 귀 힘이 가장 세요.
두 귀로 7.4톤의 비행기를 3미터 넘게 끌었지요.

때로는 왼손잡이가 운동에서 유리해요

사람들이 대부분 오른손잡이이기 때문이에요.

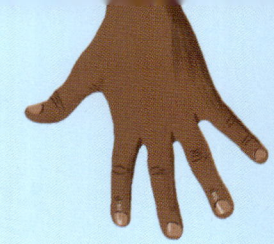

이기는 왼손잡이

우리는 보통 한쪽 손을 훨씬 더 많이 써요. 세계 인구의 90퍼센트 정도가 오른손잡이이고, 단 10퍼센트만이 왼손잡이지요. 운동 경기에서 왼손잡이 선수는 오른손잡이를 상대할 기회가 아주 많지만, 오른손잡이는 왼손잡이와 만날 가능성이 아주 낮아요. 어쩌면 그 덕분에 스포츠에서 왼손잡이의 활약이 두드러지는지도 몰라요.

왼손잡이의 날

8월 13일은 '세계 왼손잡이의 날'이에요. 왼손잡이에 대한 인식을 변화시키고, 차별을 없애기 위해 만들어진 날이랍니다.

달리기를 잘하는 사람은 발가락이 길어요

육상 선수는 긴 발가락을 이용해 땅을 강하게 차고 나가지요.

발가락 경쟁

뛰어난 단거리 선수는 전속력으로 달릴 때 발이 땅에 닿는 시간이 0.1초밖에 되지 않아요. 그 짧은 순간에 힘을 얼마나 쓰느냐에 따라 속도가 달라지지요.

2008년, 베이징 올림픽 육상 100미터 결승전에서 우사인 볼트는 신발 끈이 풀린 채 달렸지만, 세계 신기록을 세웠어요.

거인 같은 보폭

우사인 볼트는 지구에서 가장 빠른 사람이에요. 전속력으로 달릴 때는 보폭이 무려 2.5미터로, 단 41걸음 만에 100미터를 달린답니다.

사람의 출생과 성장

여성은 태어날 때부터 난자를 가지고 태어나요.

지금도 1초마다 4명씩 아기가 태어나고 있어요.

태어난 지 1년이 지나면 몸무게가 3배로 늘어나요.

사람이 태어난 첫해와 같은 속도로 계속 성장한다면, 20살 무렵에는 키가 7.5미터에 몸무게는 140킬로그램인 거인이 될 거예요.

7살 무렵이면 뇌는 90퍼센트 가까이 성장해요.

아기는 생후 3개월 정도까지는 울어도 눈물이 흐르지 않아요.

사춘기가 되면 털이 많아져요.

아기는 어른보다 뇌에 시냅스가 더 많아요.

어른이 되면 피부에서 피지를 더 많이 분비해 여드름도 더 많이 나요.

나이가 들면 척추뼈 사이, 다리 관절을 보호해 주는 연골이 닳기 시작해서 70살 무렵이면 키가 5센티미터 정도 줄어들지요.

어린이 5명 중 1명은 자면서 걸어 다녀요

흔히 '몽유병'이라고 하는 '수면보행증'의 원인은 아직 밝혀지지 않았어요.

밤중 산책?

수면보행증을 겪는 사람은 잠든 상태로 똑바로 일어나 앉거나 여기저기 돌아다녀요. 좀비처럼 팔을 앞으로 쭉 뻗고 돌아다니지는 않지만 깨어 있을 때와 달리 멍하게 보이기도 해요.

깨워야 할까요?

수면보행증 환자가 증상을 보일 때는 일부러 깨우지 않는 편이 좋아요. 여전히 잠을 자는 중이기 때문에 상대의 행동을 위협적으로 받아들일 수도 있거든요. 대신 다시 잠자리에 들 수 있도록 부드럽게 안내해 주세요. 깨어난 후에는 돌아다녔다는 사실조차 기억하지 못할 거예요.

우리는 1년에 2,000번 꿈을 꿔요

잠을 자는 동안에도 뇌는 활동하지요.

우리는 인생의 3분의 1을 잠으로 보내요. 90세까지 산다면 30년 동안 자는 셈이지요.

사라지는 꿈

우리는 하룻밤에 5~6번 꿈을 꿔요. 하지만 꿈은 아침에 깨어나는 순간 기억에서 사라지지요. 꿈을 꾸는 원인이나 이유에 대해서는 아직도 정확히 밝혀지지 않았어요.

여행과 꿈

주변 환경이 바뀌면 잠에서 자주 깨게 돼요. 자연히 꿈을 기억하게 될 가능성도 커지죠. 그래서 여행을 가면 꿈을 더 많이 꾸는 느낌이 드는 거예요.

화학 물질이 우리의 기분을 좌우해요

감정의 기능

우리는 매 순간 다양한 감정을 느껴요. 기쁘기도 하고, 슬프거나 울고 싶기도 하고, 화가 나기도 하지요. 감정은 우리가 처한 상황에 적절히 반응하도록 도와주는 정신적 활동이에요. 분노나 공포는 심장을 빨리 뛰게 만들어 혈액을 중요한 신체 기관에 보내요. 싸우거나 도망갈 수 있게 준비하는 거예요. 또한 신경 전달 물질인 호르몬이 분비되면서 신체 반응도 달라져요.

혐오 기쁨 공포
슬픔 분노 놀라움

사람은 대부분 기본적인 6가지 감정을 느껴요.
바로 기쁨, 슬픔, 공포, 놀라움, 혐오, 분노예요.

왜 웃을까요?

우리는 예상하지 못한 엉뚱한 일이 일어나면 웃음을 터뜨려요. 하지만 과학자들도 웃음이 나오는 이유는 정확히 모른답니다.

아이는 어른보다 약 3배 더 많이 웃어요. 하하하!

간지럼을 타는 동물들

인간만이 간지럼을 타는 건 아니에요. 침팬지는 간지럼을 느끼면 빙그레 웃고, 쥐는 고음으로 찍찍거리며 웃음소리를 내요.

웃음 유발!

간지럼이나 재미있는 농담, 친구와 나누는 대화는 인간에게 매우 신기한 효과를 내요. 횡격막이 격렬하게 위아래로 움직이며 껄껄대게 하거든요.

4. 물질과 반응

모든 것은 원자로 이루어져요
'원자'는 물질을 이루는 가장 작은 단위예요.

중요한 물질

원자는 물질의 작은 입자예요. 눈에는 보이지 않지만, 고성능 현미경으로 보면 이 입자들은 끊임없이 움직이고 있어요. 상상할 수 없을 정도로 많은 원자들이 모이고 결합해 우리가 사는 세계의 모든 물질을 만들지요.

원자의 개념

처음으로 원자라는 개념을 생각해 낸 사람은 고대 그리스의 철학자 데모크리토스였지만, 원자론은 20세기가 된 후에야 받아들여졌어요.

인간의 몸에는 대략 7×10^{27}의 원자가 있답니다! 10^{27}은 10을 27번이나 곱한 수예요.

원자는 대부분 비어 있어요

원자 속 원자핵은 원자 질량의 99.9퍼센트를 차지하지만 그 크기가 매우 작아요. 원자의 나머지 부분은 텅 비어 있다시피 해요.

원자의 구조

원자는 양성자와 중성자 그리고 음전하를 띠는 전자로 이루어져 있어요. 양성자와 중성자는 원자핵 안에서 매우 단단하게 결합되어 있지요. 음전하의 전자는 양전하를 띠는 원자핵에 강력하게 이끌려 원자핵 주위를 돌아요. 아래 그림으로 원자의 구조를 상상해 볼 수 있을 거예요.

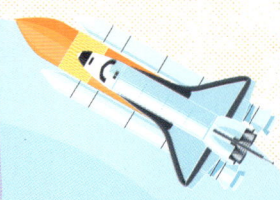

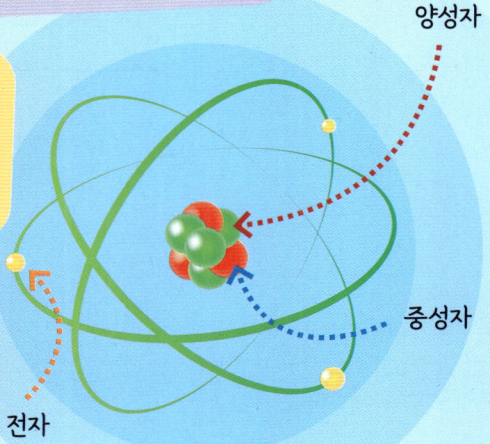

양성자

중성자

전자

원자의 종류는 양성자의 수에 따라 달라져요. 즉, 양성자 수가 변하면 다른 원소가 돼요.

보통 양성자(+)와 전자(-)의 수는 같기 때문에 원자는 전기적으로 중성이고 안정된 상태를 띠어요.

원자가 합쳐져 분자가 돼요

이때 전자의 이동이 무척 중요하지요.

방랑하는 전자

원자의 핵에 존재하는 양성자와 중성자를 분리하려면 핵반응 같은 강력한 에너지가 필요해요. 반면 전자는 한 원자에서 다른 원자로 쉽게 옮겨 가거나 자유롭게 돌아다니기도 한답니다. 원자들은 서로 전자를 교환하거나 공유하면서 결합하는데, 이렇게 결합된 원자들을 '분자'라고 해요.

원자력 발전소

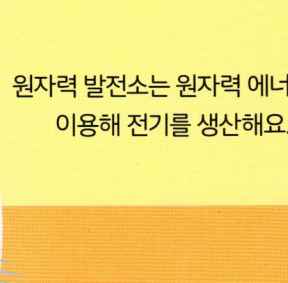

원자력 발전소는 원자력 에너지를 이용해 전기를 생산해요.

원자로 연결된 우리 몸

셰익스피어의 몸에 있던 원자들이 여러분의 몸에 있을 수도 있어요!

윌리엄 셰익스피어

죽느냐, 사느냐?

사람은 죽지만 원자는 죽지 않아요. 자연은 우리 몸의 원자 하나하나를 모두 재활용하거든요. 우리가 죽고 나면 몸에 있던 원자들은 흩어져 나뭇잎으로, 다른 동물의 몸으로 새롭게 사용되지요. 하지만 셰익스피어의 원자를 잔뜩 가졌다고 해서 그의 문학성까지 물려받는 것은 아니랍니다.

원자의 역사

셰익스피어의 원자뿐만이 아니에요. 여러분은 베토벤, 아인슈타인, 클레오파트라의 원자를 수십억 개 받았을지도 몰라요.

클레오파트라

알베르트 아인슈타인

화학 원소

현재까지 알려진 원소는 118종이에요.

태양은 1초마다 6억 톤의 수소를 태워 빛과 열을 만들어요.

아스타틴은 자연에서 발견되는 가장 희귀한 원소로, 지구상에 단 30그램 정도만 존재해요.

수소와 헬륨이 우주 물질의 98퍼센트를 차지해요.

오스뮴과 이리듐은 납보다 2배나 무거운 금속이에요.

플루오린과 프랑슘은 반응성이 가장 큰 원소들이에요.

캘리포늄은 1그램당 2,700만 달러로, 가장 값비싼 원소예요.

수은은 유일하게 상온에서 액체 상태인 금속 원소예요.

자연에서 발견되는 원소는 90가지랍니다.

수소는 우주의 탄생, 그러니까 빅뱅 이후에 최초로 만들어져 무려 138억 살이나 되었어요.

영어 알파벳 J는 주기율표에서 찾을 수 없어요

주기율표는 단순한 화학 원소 목록 이상의 의미가 있어요.

원소 가족

러시아의 과학자 드미트리 멘델레예프는 1869년에 주기율표를 고안했어요. 주기율표에는 지금까지 알려진 모든 화학 원소가 서로 비슷한 속성을 가진 묶음으로 정리되어 있지요. 화학자들은 주기율표를 이용해 원소의 성질과 원소로 만들 수 있는 화합물의 종류를 예측할 수 있어요.

원소 기호와 번호

화학 원소마다 기호와 번호가 있어요. 수소는 주기율표의 첫 번째 원소로, 원자 번호는 1이고, 원소 기호는 H예요.

드미트리 멘델레예프

2012년, 원자 번호 114번 원소의 이름이 '우눈쿼듐'에서 '플레로븀'으로 바뀌면서 원소 기호도 'Uuq'에서 'Fl'로 바뀌었고, 주기율표에서 영어 알파벳 Q도 볼 수 없게 됐어요.

살아 있는 사람의 이름을 딴 최초의 원소

'시보귬'은 미국의 화학자 글렌 시보그의 이름을 딴 원소예요.
시보그의 뛰어난 업적을 기리기 위해 처음으로
원소에 살아 있는 사람의 이름을 붙였지요.

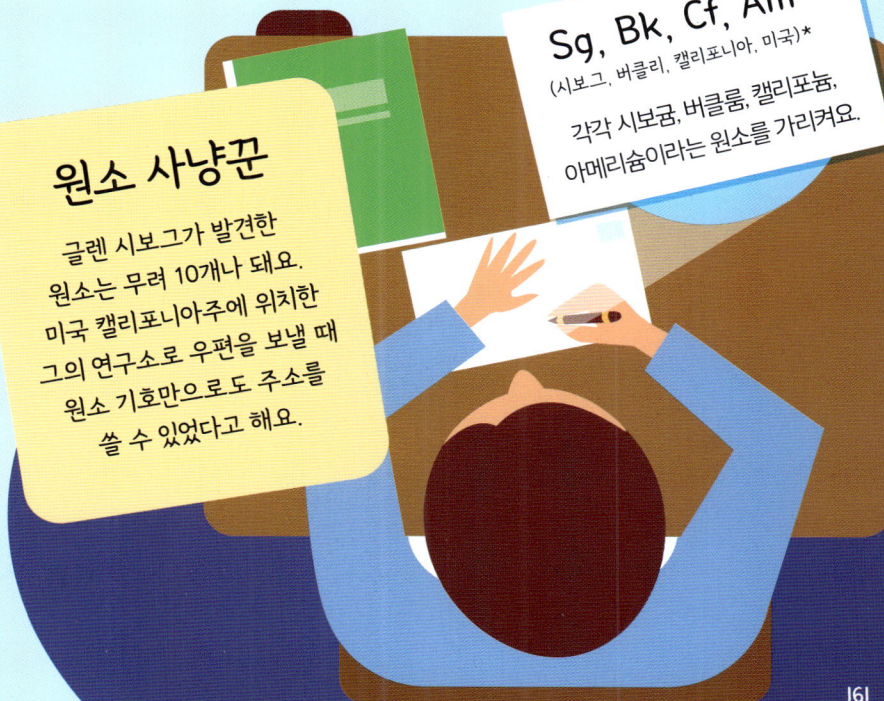

원소 사냥꾼

글렌 시보그가 발견한 원소는 무려 10개나 돼요. 미국 캘리포니아주에 위치한 그의 연구소로 우편을 보낼 때 원소 기호만으로도 주소를 쓸 수 있었다고 해요.

Sg, Bk, Cf, Am
(시보그, 버클리, 캘리포니아, 미국)*

각각 시보귬, 버클륨, 캘리포늄, 아메리슘이라는 원소를 가리켜요.

물에 닿으면 폭발하는 금속

주기율표의 세로줄을 '족'이라고 하는데, 수소를 제외한 1족 원소들은 모두 알칼리 금속이에요.

화학 반응을 쉽게 일으키는 1족의 알칼리 금속은 공기와 반응하지 않게 기름에 넣어 보관해요.

칼륨

과격한 화학 반응

작은 리튬 덩어리를 물에 넣으면 표면이 요란하게 부글거리다가 쉭쉭거리는 소리를 내며 수소를 발생시켜요. 이어 작게 펑 하고 터지며 수소 가스에 불이 붙고, 리튬은 빨간 불꽃을 일으키며 타 버리지요. 칼륨은 더 강렬한 반응을 보여요. 뻥 소리와 함께 아름다운 보랏빛 불꽃이 일어나지요. 하지만 가장 폭발적으로 반응하는 원소는 세슘이에요.

금속이 전체 원소 가운데 4분의 3을 차지해요

신기하게도 원소 대부분이 금속이에요.

반짝반짝

금속은 대부분 광택을 내며 빛을 반사해요. 금속 원자는 모두 원자핵에 묶이지 않고 자유롭게 이동할 수 있는 '자유 전자'에 둘러싸여 있지요. 빛이 금속에 닿으면 자유 전자가 빛 에너지를 받아 가시광선을 방출하기 때문에 반짝반짝 광택이 난답니다.

구리와 금은 특이해요. 다른 금속과 달리 회색이나 은색이 아니거든요.

금

전선

지구 핵에 담겨 있는 철로 기차선로를 만든다면 지구를 500억 번 돌고도 남아요.

163

인류가 채굴한 금은 생각보다 많지 않아요

금이 희귀한 금속이기 때문이에요.

지구의 지각

반짝이는 금

눈부신 광택이 흐르는 금은 사람들이 무척 가지고 싶어 하는 금속이에요. 쉽게 파괴되지 않기 때문에 땅에서 파낸 금은 모두 어딘가에 남아 있을 거예요. 대부분 은행 금고에 들어 있을 테지만요.

금이 가장 많은 곳은?

바로 금괴 55만 개가 저장된 미국 뉴욕의 연방준비은행 금고랍니다. 지하 24미터 아래에 있는 이 금고에는 2,000억 달러가 넘는 금이 보관돼 있어요.

끓인 오줌에서 첫 번째 원소를 발견했어요

1669년에 일어난 일이지요.

독일의 연금술사였던 헤니히 브란트는 값싼 금속을 금으로 바꿀 수 있다는 '현자의 돌'을 찾는 데 평생을 바쳤어요. 특히 금의 황금빛이 현자의 돌을 찾는 중요한 요소라고 여겼지요.

오줌이 금과 비슷한 색깔이라고 생각한 그는 소변 50통을 걸쭉해질 때까지 끓였어요. 이 냄새나는 실험의 결과로 '인'이 발견되었지요. 금은 아니었지만 공기와 접촉하면 불꽃이 붙는 새로운 원소였어요.

인(Phosphorus)의 원소 기호는 P예요. 영어로 오줌은 Pee라고 하지요. 어떻게 이런 우연이!

탄소는 가장 다양하게 쓰이는 원소예요

4번째로 흔한 원소이지만 무척 특별하답니다.

쓸모 있는 물질

탄소는 다른 원소뿐만 아니라 탄소끼리도 잘 결합해요. 탄소로 만들 수 있는 물질은 어마어마하게 많은데, 플라스틱과 석유 제품 모두 탄소 화합물이지요. 탄소를 강철에 더하면 강철이 더 단단해지고, 수지에 더하면 가볍고 견고한 탄소 섬유가 돼요.

생명에 필수적인 원소

작은 미생물부터 거대한 고래에 이르기까지, 우리가 아는 모든 생명체는 탄소를 기반으로 화학 작용을 해요. 우리 몸도 탄소가 포함된 다양한 분자로 이루어져 있지요.

지금까지 알려진 탄소 화합물은 1,000만 종이 넘어요.

연필 한 자루로 61킬로미터 길이의 선을 그릴 수 있어요

연필심은 탄소의 일종인 '흑연'으로 만들어져요.

세계에서 가장 긴 연필은 말레이시아 파버-카스텔 공장에서 만든 20미터 길이의 2B 연필이에요.

흑연

다이아몬드와 흑연

같은 원소로 이루어진 물질이어도 결합 방식과 압력에 따라 성질은 완전히 달라져요. 지구 아래에 깊숙이 묻혀 있는 다이아몬드는 자연에서 찾을 수 있는 가장 단단한 물질로, 탄소로 이루어진 투명한 보석이지요. 하지만 탄소는 시커멓고 매끈매끈하고 무른 흑연이 되기도 해요. 바로 연필심의 재료이지요.

핵폐기물은 25만 년 동안 치명적인 영향을 끼쳐요

그래서 원자력 발전소에서 생산된 폐기물은 특수한 방법으로 보관해야 해요.

깨끗한 전기의 문제

원자력 발전소의 원료는 우라늄이에요. 강력한 핵반응을 통해 '깨끗한' 전기를 생산하지요. 화석 연료를 태우는 발전소와 달리, 이산화탄소를 발생시키지 않지요. 하지만 우라늄은 무척 위험한 고농도 방사성 물질이에요.

보관 문제

대형 원자로 한 곳에서만 매년 20~30톤의 매우 위험한 방사성 폐기물이 만들어져요. 이 폐기물은 저장 수조에 넣어 20년 동안 보관한 뒤에 다시 튼튼한 통에 넣어 지하에 묻지요.

바나나에 방사능이 있다고요?

바나나에는 '칼륨'이 많은데, 일부 칼륨은 방사성을 띠어요.

천연 방사성 물질

의사들은 한 자리에서 바나나 1,000만 개를 먹으면 방사능 중독으로 죽을 수 있고, 하루에 274개씩 7년 동안 먹는다면 방사능의 영향을 받을 수 있다고 말해요. 그러니까 바나나를 먹는다고 금방 돌연변이 악당이 되는 건 아니랍니다.

바나나를 먹어도 아무 문제 없어요!

칼륨 원소가 모두 방사성을 띠는 것은 아니에요. 양성자가 19개, 중성자가 21개인 칼륨-40만이 방사성을 갖고 있어요. 다행히 칼륨-40은 전체 칼륨의 단 0.012퍼센트예요. 바나나 하나에 포함된 칼륨-40은 0.0000393그램으로 극소량이지요.

헬륨은 하늘로 술술 올라가요

'헬륨'은 공기보다 훨씬 가벼운 기체이기 때문에 공기 위로 떠오르지요.

탈출의 달인

헬륨은 파티용 풍선에 자주 쓰이는 재밌는 기체예요. 헬륨을 들이마시면 목소리가 우스꽝스럽게 고음으로 변하지요. 하지만 액체 헬륨을 매우 낮은 온도로 냉각하면 이상한 일이 일어나요. 헬륨이 사방으로 퍼지면서 벽을 기어오르거든요. 극저온의 힘으로 점성이 사라진 '초유체'가 되기 때문이에요.

헬륨은 우주에 두 번째로 많은 원소이지만, 워낙 가벼워서 지구에 머무르지 못하고 우주로 날아가기 때문에 지구에서는 희귀한 기체예요.

우주에 있는 물질은 대부분 플라스마 상태로 존재해요

모든 물질이 지구에서와 똑같은 상태로 있지는 않지요.

환상적인 플라스마

지구에서 물질은 보통 고체, 액체, 기체의 세 가지 상태 가운데 한 가지로 존재해요. '플라스마'는 지구에는 드물지만 우주에는 흔한 또 다른 물질 상태인데, 기체가 아주 높은 에너지를 받은면 원자 속 전자가 분리되면서 만들어져요. 지구에서는 번개, 네온사인, 핵융합로에서 발견할 수 있지요.

기체
이동이 자유롭고, 어떤 공간이든 빈곳 없이 채우려는 성질을 지녀요.

수증기

액체
그릇에 담으면 그릇의 모양에 맞는 형태를 가져요.

물

얼음

플라스마
태양은 플라스마 덩어리예요.

고체
일정한 모양과 크기를 지니는 단단한 물질이에요.

뜨거운 물이 찬물보다 더 빨리 얼어요

'음펨바 효과'는 과학자들도 설명하기 어려운 기묘한 현상이에요.

뜻밖의 실험

1963년, 음펨바는 학교에서 조리 시간에 아이스크림을 만들다가 뜨거운 용액이 차가운 용액보다 더 빨리 언다는 사실을 발견했어요. 그는 물리학 선생님과 실험해 본 끝에 이런 현상이 실제로 일어난다는 사실을 확인했지요. 하지만 아무도 이유를 설명하진 못했어요.

아직도 증명되지 않은 문제

물질이 어는 방식은 매우 복잡해서 음펨바 효과가 언제나 적용되지는 않아요. 어떤 과학자들은 물 분자가 식으면서 서로를 밀어내다가 다시 가까워지기 때문에 이런 현상이 일어난다고 말하지요. 하지만 또 다른 과학자들은 이 효과는 실제로 없다고 말해요.

물은 얼면서 팽창해요

그래서 얼음이 물에 뜨지요.

얼음 속 공기

액체가 얼어 고체로 변할 때면 대부분 부피가 줄어들어요. 하지만 물은 달라요. 얼음 결정은 액체 상태의 물보다 분자 사이에 공간이 더 많아요. 그래서 물 분자가 결합해 얼음이 되면 분자 간 공간이 커져 부피가 거의 10퍼센트 더 커져요.

폭이 5미터보다 작은 빙산은 '부빙'이라고 해요.

'빙산 B-15'는 역사상 세계에서 가장 큰 빙산이었어요. 길이가 295킬로미터, 폭이 37킬로미터였지요. 면적이 자메이카보다 더 컸지만 몇 개의 작은 빙산으로 부서졌어요.

산소

지구 대기의
5분의 1이 산소예요.

산소는 생명체에게
꼭 필요한
화학 반응을 일으켜요.

오존은 산소 원자
3개로 이루어져 있어요.

우리가 호흡하는
기체는 산소 원자
2개로 이루어져
있어요.

산소는 지구 표면에서
가장 흔한 원소예요.

지상 25~30킬로미터 높이에
있는 오존층은 태양의
해로운 자외선을 흡수해
우리를 지켜 주지요.

산소는 수소와 헬륨 다음으로 우주에서 3번째로 흔한 원소예요.

화학 반응을 쉽게 일으키는 산소는 지구에서는 늘 다른 원소와 결합해요.

순수한 산소를 16시간 이상 흡입하면 폐에 무리가 갈 수 있어요.

산소는 기체일 때는 투명하지만, 액체일 때는 푸른빛을 띠어요.

약 3억 년 전에는 공기 중에 산소가 너무 많았어요. 산불이 나면 젖은 식물마저 태워 버릴 정도로요.

세상에서 가장 강력한 산은 황산보다도 훨씬 강해요

고약한 '초강산'에 가까이 가지 마세요!

초강산의 활용

초강산은 순수한 황산보다 수조 배 더 강력한 화학 물질로, 화학 산업, 특히 원유 생산품에 많이 쓰이지요. 반응성이 큰 물질 중에서도 '플루오로안티몬산'은 가장 강력한 초강산이에요.

외계인처럼 특이한 물질

'플루오린화수소산'은 약산이지만 부식성이 강해서 공상 과학 영화에 등장하는 물질처럼 거의 모든 것을 부식시켜 버려요. 유리마저 녹이지요. 플루오린화수소산을 담은 특수한 플라스틱 용기는 2년에 한 번씩 바꾸어야 해요.

위산은 면도날을 녹일 만큼 강력해요

하지만 절대로 면도날을 삼켜서는 안 돼요!

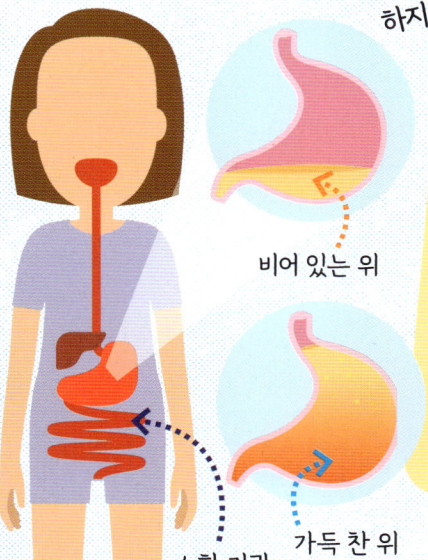

비어 있는 위

가득 찬 위

소화 기관

소화를 돕는 위산

위는 염산이 들어 있는 위산을 분비해 우리가 삼킨 음식물을 분해하는데, 염산은 위벽을 자극해 통증을 유발하기도 해요. 그래서 위벽은 위산을 억제하는 성분을 만들어 위를 보호하지요. 또한 위벽은 4일마다 새롭게 만들어져요.

다용도 물질

염산은 제강, 가죽 무두질, 소금 생산은 물론 가정에서 쓰는 청소 용품에도 많이 쓰여요.

제강

물에 소금 한 줌을 넣으면 수면이 내려가요

정말 아리송하지만 과학적 사실이에요. 직접 한번 해 볼까요?

1. 유리컵에 물을 넣고 수면 높이를 표시해요.

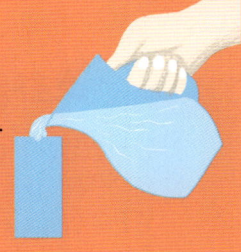

4. 수면 높이를 확인해요.

2. 컵에 조심스럽게 소금 몇 숟가락을 넣어요.

3. 소금이 모두 녹아서 보이지 않을 때까지 천천히 물을 저어요.

어떻게 된 걸까요?

물의 분자는 서로 밀어내는 성질을 가지고 있어요. 그런데 물에 들어간 소금이 이런 현상을 방해하고 분자끼리 가까워지게 만들어 물의 총 부피를 줄이지요.

뜨거운 얼음과 차가운 끓는 물이 존재해요

이상한 차 맛

영국의 산악인들은 높은 산에서는 제대로 된 차를 끓일 수 없다고 불평해요. 기압이 낮은 곳에서는 물의 끓는점이 더 낮은데, 100도보다 낮은 온도에서 끓은 물로 우려낸 차는 맛이 없거든요. 기압이 아예 없는 우주에서는 물이 곧바로 끓어오르고 수증기는 곧바로 얼어붙지요.

압력의 위력

미국 샌디아 국립 연구소에 있는 'Z 머신'은 정상 기압보다 약 12만 배 높은 초기압을 만들 수 있는 기계예요. 물이 이런 압력을 받으면 너무 꽉 눌러서 끓는점보다 더 뜨거운 얼음이 된답니다.

에베레스트산 정상에서는 물이 섭씨 72도에서 끓어요.

화학 반응으로 새로운 물질이 만들어져요

화학은 물질의 생성과 구조, 성질, 변화 등 물질에 대한 모든 것을 연구해요.

화학 결합

우리 주위의 물질들은 대부분 두 가지 이상의 원소로 만들어져요. 이때 분자 속 원자들이 전자를 주고받거나 공유하는 등의 방식으로 합쳐지는 것을 '화학 결합'이라고 해요.

화학 반응

두 가지 이상의 물질 사이에 '화학 반응'이 일어나면 성질이 다른 물질로 변해요. 이러한 변화는 때로는 되돌릴 수 없어요. 케이크를 굽고 나면 익히기 전의 재료와 상태로 되돌릴 수 없는 것처럼요. 물론 화학적 변화가 일어나기 전으로 되돌릴 수 있는 화학 반응도 있지요.

촉매가 있으면 화학 반응이 수백만 배 더 활발하게 일어나요

든든한 조력자

'촉매'는 화학 반응에서 스스로는 변하지 않으면서 반응 속도를 높이거나 늦추어요. 비료, 가루 세제, 요구르트, 치즈, 맥주 등을 만드는 데도 촉매가 쓰이지요. '효소'라고 부르는 우리 몸속의 단백질 촉매는 음식을 소화시키고 우리 몸이 성장하게 도와요.

요구르트

치즈

가루 세제

비료

촉매가 모두 좋은 것은 아니에요. 스프레이 용기의 분무제로 쓰인 염화불화탄소(프레온 가스)는 오존층을 파괴하는 원인으로 알려지면서 생산과 사용이 금지되었어요.

촉매의 기준

1. 물질들이 화학 반응을 일으키는 속도를 높이거나 늦추어요.

2. 자신은 변화하거나 소모되지 않아요.

귀금속으로 만드는 촉매 변환기

촉매 변환기는 자동차 등에서 나오는
유독한 배기 가스를 깨끗하게 걸러 주어요.

더 깨끗한 자동차

자동차의 휘발유와 경유 엔진이 연료를 태우고 나면
오염을 일으키는 질소 산화물, 다 타지 않은 연료,
이산화탄소, 매연 등 더럽고 유독한 물질이
만들어져요. 촉매 변환기는
유독한 물질이 깨끗하게
분해되도록 돕지요.

배출
이산화탄소
질소 가스
수증기

투입
일산화탄소
질소 산화물
타지 않은 연료

산소와 질소 가스로
변환된 질소 산화물

촉매 변환기에는 백금, 팔라듐,
로듐이 들어가요. 모두 금보다
비싼 금속이지요.

비료가 개발되면서 세계 인구가 증가했어요

화학 비료는 작물이 흙에서 빨아들이는 질소를 다시 채워 주어 같은 땅에서 작물을 계속 재배할 수 있게 도와줘요.

하버와 보슈의 질소 고정법

화학 비료가 발명되기 전까지 농부들은 자연 비료인 퇴비와 거름을 땅에 뿌렸어요. 하지만 토양을 쉬게 하는 것만큼 좋은 방법은 아니었지요. 1900년대에 독일의 프리츠 하버와 카를 보슈가 공기 중의 질소를 비료로 만드는 '하버-보슈법'을 개발하면서 농사와 작물 생산이 혁신적으로 바뀌었어요. 화학 비료가 식량 생산량을 엄청나게 높이면서 1900년대에 16억 명이었던 세계 인구는 오늘날 80억 명으로 급증했어요.

농작물이 잘 자라려면 질소가 필요해요.

우연히 발견된 화학 물질들

1830년대에 찰스 굿이어는 실험을 하다가 고무와 황, 납을 혼합한 물질을 뜨거운 난로에 떨어뜨렸어요. 덕분에 고무를 더 단단하고 질기게 만드는 방법을 발견했지요.

1826년, 영국의 화학자 존 워커는 저을 때 쓰는 막대에 붙은 끈적끈적한 물질을 떼어 내려고 막대를 문질렀는데, 막대 끝에서 불이 붙기 시작했어요. 성냥이 탄생한 순간이었지요.

세계에서 가장 흔한 플라스틱인 폴리에틸렌은 독일과 영국에서 두 번 발견되었는데, 모두 우연히 일어난 일이었어요.

1968년, 스펜서 실버는 처음의 의도와 달리 접착력이 약한 접착제를 만들게 되었어요. 쓰임새를 고민하다가, 붙였다 떼었다 할 수 있는 접착식 메모지를 탄생시켰지요.

해리 쿠버는 총기 조준기에 사용할 투명한 플라스틱 렌즈를 만들려다가 오늘날 우리가 사용하는 순간접착제를 만들었어요.

신축성 있는 나일론 섬유는 1935년에 실험실 조수가 두 가지 혼합물을 한꺼번에 붓는 실수를 저지르면서 우연히 발견했어요.

1985년, 과학자들은 아주 깜짝 놀랄 만한 발명을 했어요. 축구공처럼 생긴 탄소 분자였는데, '풀러렌' 또는 '버키볼'이라고 부르지요.

로이 플런켓은 1938년에 오래된 관에서 열에 잘 견디는 미끌미끌한 물질을 발견했어요. 이 물질을 '테플론'이라고 하는데 프라이팬 같은 조리 기구의 코팅, 고어텍스 원단, 우주복, 인공 혈관 등 다양하게 활용된답니다.

1878년, 화학자 콘스탄틴 팔베르크는 점심을 먹기 전에 깜빡하고 손을 씻지 않았다가 최초의 인공 감미료인 사카린을 발견했답니다.

최초의 인공 염료는 실패를 거쳐 발명되었어요

그 전에는 광물, 식물, 동물을 원료로 한 천연염료로 천을 염색했어요.

모브가 발명되기 전까지는 고대 로마인들이 겉옷으로 걸쳐 입던 '토가'를 보라색으로 염색하는 데만 해도 달팽이 1만 2,000마리가 필요했어요.

귀한 보라색

한때 보라색 염료는 매우 희귀하고 비쌌어요. 보라색은 고대 로마 황제와 왕족을 상징하는 색이었지요. 하지만 1856년 여름이 되자 이런 상황은 완전히 달라졌어요. 당시 화학을 공부하는 학생이었던 윌리엄 퍼킨은 말라리아 치료에 이용되는 '퀴닌'을 만들려다 실패하고, 검은색 덩어리만 얻었어요. 그러나 주물러도 손에 묻지 않는 이 물질에 알코올을 떨어뜨리자 생생하고 짙은 보랏빛 액체로 변했지요. 퍼킨을 부자로 만들어 준 인공 염료 '모브'를 발명한 거예요!

세계에서 가장 위험한 과학자, 토머스 미즐리 주니어

의도와는 다르게 역사상 가장 위험한 화학 물질을 발명했어요.

유연 휘발유

1920년대에 미즐리는 휘발유에 납을 첨가해 유연 휘발유를 만들었어요. 납은 자동차 엔진을 더 원활하게 작동시키고, 연비를 높여 주었지요. 하지만 납이 들어간 배기가스는 뇌 손상을 일으킬 정도로 매우 유독했어요. 결국 유연 휘발유는 1990년대에 사용이 금지되었지요.

염화불화탄소

미즐리는 '염화불화탄소'로 지구를 또다시 위험에 빠뜨렸어요. 프레온 가스로 알려진 이 물질은 냉장고의 냉매 등으로 널리 쓰였어요. 하지만 1985년에 과학자들이 자외선을 막아 주는 오존층에 뚫린 커다란 구멍을 발견했고, 프레온 가스가 바로 그 원인이었지요.

인류의 평균 수명을 늘린 위대한 화학 물질은 곰팡이 핀 빵에서 자랐어요

페니실린이 없으면 호흡기와 상처 부위에 생길 수 있는 치명적인 감염을 막을 수 없었을 거예요.

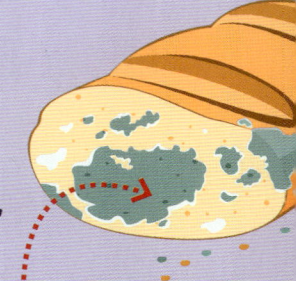

빵에 핀 곰팡이

세균을 무찌른 곰팡이

스코틀랜드의 화학자 알렉산더 플레밍은 1928년에 놀라운 약물인 페니실린을 우연히 발견했어요. 세균 배양 접시를 씻지 않은 채 휴가를 떠났다가 돌아와, 접시에서 자라던 곰팡이가 세균을 없애 버렸다는 사실을 알게 됐지요.

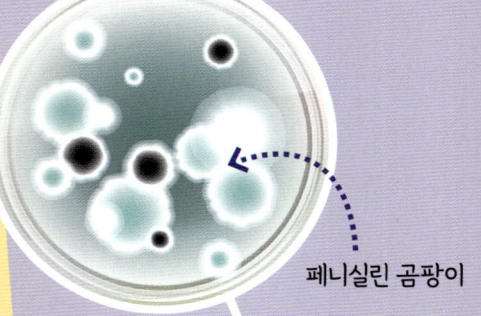

페니실린 곰팡이

세균 배양 접시

플레밍은 페니실린을 발견하긴 했지만 이 물질을 추출하는 적당한 방법은 찾지 못했어요. 1939년이 돼서야 하워드 플로리와 언스트 체인이 페니실린을 정제하는 방법을 알아냈지요.

생명의 왼손잡이

생물학적으로 중요한 분자가 모두 왼손잡이 형태라는 사실은 생명에 관한 가장 위대한 미스터리 중 하나랍니다.

거울상 분자

왼손과 오른손은 기본 형태는 같지만 거울로 보이는 모습처럼 서로 대칭이에요. 분자에도 대칭을 이루어 거울상이 같은 '오른손잡이 분자'와 '왼손잡이 분자'가 있어요.

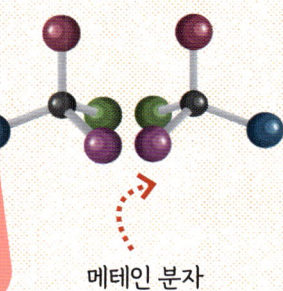

메테인 분자

이 음식들은 '왼손잡이' 아미노산 분자로 가득 차 있어요.

왼손잡이가 지배한다

'아미노산'은 단백질의 기본 구성 성분으로, 생명에 필수적인 분자예요. 지구의 유기체에서 발견되는 아미노산 분자가 모두 왼손잡이 구조인 이유는 아무도 몰라요.

처음으로 소독제를 사용한 사람은 외과 의사였어요

그리고 수많은 사람들을 살렸지요.

세균이 가득한 수술

소독제가 쓰이기 전에는 수술이 매우 위험했어요. 공기 중에 있는 보이지 않는 미생물 때문에 절개 부위가 세균에 쉽게 감염되었거든요. 수술을 성공적으로 마친 환자조차 나중에 감염으로 목숨을 잃기도 했지요.

열악한 수술 환경

1860년대 이전까지 의사들은 수술할 때 지저분한 앞치마와 소독하지 않은 수술 도구를 썼어요. 게다가 수술 전에 매번 손을 씻지도 않았지요.

무균 수술

외과 의사 조지프 리스터는 석탄산으로 상처를 소독하고, 의료진의 손과 수술복, 수술 도구도 소독하게 했어요. 그러자 수술 후 감염률이 크게 낮아졌지요.

최초의 전지는 2,000년 전에 발명되었어요

고대 문명에서 어떻게 전력이 발명되었을까요?

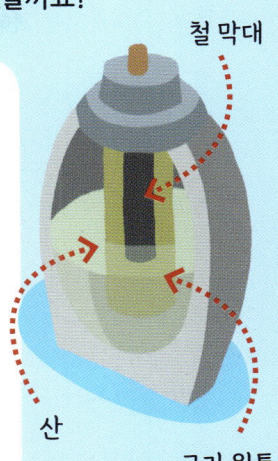

철 막대
산
구리 원통

세계에서 가장 오래된 전지

볼타 전지

기원전 약 200년, 지금의 이라크인 메소포타미아 지역에서 똑똑한 발명가 한 사람이 아주 특별한 진흙 항아리를 만들었어요. 안쪽에 철 막대가 담긴 구리 원통을 넣고 산 용액에 담근 뒤 타르 마개로 닫은 항아리였지요. '바그다드 전지'라고 이름 붙은 이 발명품은 초기 형태의 전지로 추정되어요. 하지만 어디에 쓰였는지에 대해서는 여전히 의견이 분분하지요.

종이로 분리된 구리와 아연 원반

최초의 화학 전지

이탈리아의 발명가 알레산드로 볼타는 1800년에 처음으로 현대식 전지를 발명했어요. 소금물에 적신 금속 원반들을 샌드위치처럼 쌓아 올려 만든 '볼타 전지'가 발명된 이후 전기 연구가 크게 발전했지요.

마이크로칩 실리콘의 순도는 99.9999999퍼센트!

마이크로칩은 실리콘 같은 반도체 재료를 사용해 만든 컴퓨터 회로예요. 마이크로칩이 제대로 작동하려면 실리콘의 순도는 100퍼센트에 달해야 하지요.

실리콘 웨이퍼 만드는 법

마이크로칩에 들어가는 부품인 '실리콘 웨이퍼'를 만들려면 순도가 높은 실리콘 용액을 만들어 원기둥으로 굳혀야 해요. 이때 실리콘을 녹이려면 섭씨 1,500도 이상으로 가열해야 하지요.

실리콘의 순도 = 99.9999999%

얇게, 더 얇게

실리콘 웨이퍼 표면에 반도체 회로를 새기려면 실리콘 기둥을 0.5밀리미터 두께의 얇은 원판 모양으로 잘라야 해요. 그리고 표면을 매끄럽게 연마해 가공해야 하지요.

가장 긴 화학 물질의 이름을 읽으려면 3시간 30분이나 걸려요

'티틴'이라고 불리는 이 물질은 지금까지 알려진 가장 큰 단백질이기도 해요.

'커넥틴'이라고도 불리는 티틴은 근육 조직을 이루는 단백질 중 하나로, 분자식이 아주 길어요. 티틴의 화학 명칭은 18만 9,819글자로 이루어져 있지요.

다시 한번 말하면······

수퍼캘리프래질리스틱스익스피알리도시우스어쩌구저쩌구이러어쿵저러어쿵은 그냥 지어낸 말이지만, 34글자나 돼요. 티틴의 어마어마한 이름을 끝까지 말하려면 이것을 5,583번 반복해야 하지요.

콘크리트에 관한 확실한 사실

콘크리트는 시간이 지날수록 더 단단해진답니다.

콘크리트는 석회 시멘트 반죽에 모래와 자갈을 섞어 만들어요.

콘크리트에 물을 섞으면 화학 반응이 일어나 단단하게 굳어요.

콘크리트 450그램에는 약 1,500억 개의 알갱이가 있어요.

고대 로마인들은 지금과 비슷한 콘크리트를 만들어 판테온 신전의 돔을 지었어요.

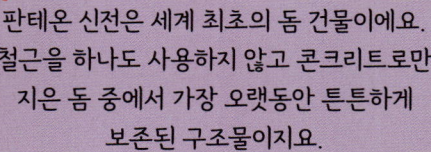

판테온 신전은 세계 최초의 돔 건물이에요. 철근을 하나도 사용하지 않고 콘크리트로만 지은 돔 중에서 가장 오랫동안 튼튼하게 보존된 구조물이지요.

시멘트는 무려 기원전 2500년 전부터 사용된 건축 재료랍니다.

2017년, 아랍 에미리트의 샤르자에서 가장 큰 규모의 콘크리트 공사가 있었어요. 4일 동안 올림픽 경기용 수영장 8개를 채울 만큼의 콘크리트를 부었지요.

시멘트 1톤을 생산할 때마다 이산화탄소 1톤이 발생해요.

찹쌀

중국의 싼샤댐은 세계에서 가장 큰 콘크리트 건축물이에요. 공사에 사용된 콘크리트의 총량이 2,800만 세제곱미터나 되지요.

중국인들은 만리장성을 지을 때 콘크리트 혼합물에 찹쌀을 첨가했어요.

티오아세톤은 가장 냄새나는 화학 물질이에요

사람들을 기절시킬 만큼 고약한 냄새가 나지요.

도망가요!

1889년, 독일 프라이베르크의 한 공장에서 '티오아세톤'을 생산하려고 했는데, 그만 난리가 나고 말았어요. 사람들이 곳곳에 쓰러지고 구토를 한 거예요. 사람들은 냄새가 너무 고약한 나머지 마을에서 도망가려고 했답니다.

티오아세톤은 단 한 방울만으로도 냄새가 500미터 가까이 퍼져요!

고약한 냄새 대회

티오아세톤 못지않은 악취도 있어요.

- 스카톨은 똥 냄새가 나는 성분이에요.
- 메르캅탄은 썩은 양배추와 고약한 양말 냄새가 나요. 가스가 새면 사람들이 알아차릴 수 있게 천연가스에 메르캅탄을 섞지요.

그래핀은 세계에서 가장 얇은 물질이에요

사람의 머리카락보다 100만 배 더 얇은 그래핀은
최초의 2차원 물질이기도 해요.

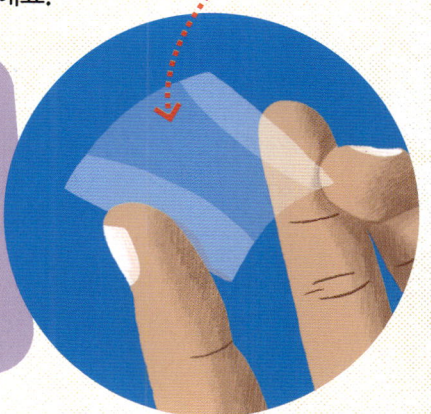

잘 구부러지는
그래핀 막

놀라운 물질

2004년에 발견된 그래핀은
탄소 원자로 이루어진 육각형 구조의
투명한 물질이에요. 탄성이 뛰어나고,
열전도성도 높고, 매우 가볍고, 얇아요.

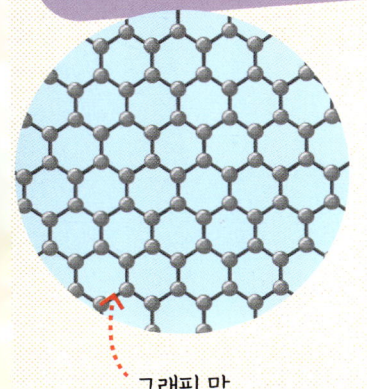

그래핀 막

우연한 행운

연구자들이 흑연에 투명 테이프를 붙였다
떼어 내기를 반복하다 아주 얇은 막이 벗겨지는
것을 발견했어요. 바로 그래핀이에요!

그래핀은 강철보다
200배 더 강해요.

보통 종이는 7번 이상 접을 수 없어요

궁금하다면 한번 도전해 보세요!

재미있는 종이접기!

종이를 계속 접으면 무슨 일이 일어날까요? A4용지는 길이는 297밀리미터, 두께는 0.05밀리미터예요. 종이를 접을 때마다 종이의 두께는 2배가 되기 때문에 3번 접은 종이는 두께가 처음의 8배가 되지요. 30번 접은 종이는 두께가 100킬로미터에 달해 우주까지 뻗어 나갈 거예요. 종이를 42번 접으면 달까지 갈 수 있고, 103번 접은 종이는 두께가 무려 930억 광년으로, 관측 가능한 우주보다도 두꺼워요!

미국인 브리트니 갤리번은 고등학생 시절에 화장실에서 쓰는 종이 휴지로 12번 종이접기에 성공해 세계 기록을 세웠어요.

카르빈은 세상에서 가장 강한 물질이에요

다이아몬드와 그래핀보다 더 강한 탄소 복합 물질이지요.

대단한 사슬

'카르빈'은 6,400개의 탄소 원자가 긴 사슬로 엮여 있는데, 맨눈으로 볼 수는 없어요. 카르빈은 1885년에 처음으로 알려졌지만, 2016년이 되어서야 비로소 카르빈을 만드는 방법을 알아냈어요.

어디에 있을까요?

지구에서 카르빈을 만들기는 매우 힘들지만, 카르빈이 우주에는 이미 존재하고 있어요. 바로 소행성과 성간 먼지 사이에 있지요.

따개비는 세상에서 가장 끈적끈적한 접착제예요

어떤 상황에서도, 어디에든 착 달라붙지요.

다닥다닥 붙어 있기

따개비는 바닷가의 암초나 바위에 붙어 사는데, 떼어 내기 힘든 것으로 유명해요. 특히 배 바깥쪽에 붙은 따개비는 떼어 내기가 더 어렵지요. 따개비는 어릴 때는 플랑크톤을 잡아먹으며 옮겨 다니지만 다 자란 뒤에는 적당한 곳에 붙어 살아가요. 어린 따개비는 바위에 자리를 잡은 다음 먼저 기름 성분의 접착제를 분비해 바위의 물기를 없애고, 그 뒤에 바위에 찰싹 달라붙을 수 있는 접착제를 내보내요.

따개비가 달라붙으면 배가 그만큼 무거워져요.

세상에서 가장 가벼운 고체, 에어로젤

공기처럼 매우 가벼운 소재

에어로젤은 '얼어붙은 연기', '딱딱한 연기'라고도 해요. 젤 형태의 액체로 채워진 고체를 온도와 압력을 낮춰 건조시키면 액체가 있던 자리에 미세한 구멍이 뚫리면서 공기가 채워져요. 이렇게 만들어진 가벼운 고체가 바로 에어로젤이에요.

에어로젤 부피의 99.98퍼센트는 공기예요.

꽃
에어로젤
불꽃

강력한 흡수 능력

공기 구멍이 숭숭 뚫린 에어로젤은 표면적이 넓어서 무엇이든 닦아 내기 좋아요. 또한 훌륭한 단열재이기 때문에 꽃잎처럼 섬세한 물체에 불꽃을 갖다 대도 에어로젤로 막으면 전혀 불타지 않는답니다.

매년 1조 개의 비닐봉지가 만들어져요

줄이고, 재사용하고, 재활용해요!

사람들은 플라스틱을 좋아해요. 싸고, 튼튼하고, 어떤 형태로든 만들 수 있는 데다가 색깔도 다양하지요. 하지만 불행히도 플라스틱은 분해되는 데 수백 년이 걸려요.

매년 1,460만 톤의 플라스틱 폐기물이 바다로 흘러가요.

새끼에게 플라스틱을 먹이는 갈매기

미세 플라스틱의 커다란 문제

바다를 떠도는 비닐봉지는 동물들의 몸을 얽어매요. 햇빛에 쪼개진 작은 플라스틱 입자들이 해류에 휩쓸려 거대한 쓰레기 더미로 모이고, 동물들은 이 쓰레기를 먹이로 착각해 먹은 뒤 목숨을 잃어요.

호랑이의 줄무늬는 화학 작용으로 만들어져요

자연에는 친숙한 무늬가 많아요. 어떻게 만들어지는 걸까요?

줄무늬 피부

호랑이의 줄무늬는 마치 지문과 같아서 똑같은 줄무늬는 하나도 없어요. 과학자들에 따르면 호랑이 피부에 두 종류의 단백질이 있어서, 세포를 일정한 방식으로 줄 세우는 단백질이 줄을 만드는 한편 다른 단백질은 이를 막으려 한다고 해요. 두 단백질이 상호작용한 결과, 호랑이와 제브라피시의 줄무늬에서 표범의 점무늬에 이르기까지 독특한 무늬가 생기는 것이랍니다.

호랑이는 털뿐만 아니라 피부까지 줄무늬가 있어요.

표범

호랑이

제브라피시

203

우리는 평생 10년 정도 텔레비전을 시청해요

5. 발명과 발견

텔레비전을 보며 재미있는 시간을 보내기는 하지만 어마어마한 시간을 낭비하기도 해요!

텔레비전 시청 시간

우리가 하루에 30분 동안 텔레비전을 본다면, 한 달이면 꼬박 4일 동안 보는 셈이에요. 1년이면 약 6주를 화면만 쳐다보는 거예요. 하지만 화면 밖 세상이 있다는 걸 잊지 마세요. 밖에서 직접 보는 세상이 훨씬 다채롭답니다!

한국인은 하루에 평균 3시간 정도 텔레비전을 봐요.

미국, 폴란드, 일본, 브라질은 텔레비전을 특히 많이 보는 나라들이에요.

전 세계에 라디오 방송국이 약 4만 4,000개 있어요

'라디오파'는 먼 거리까지 전파되는 일종의 전자기파예요.

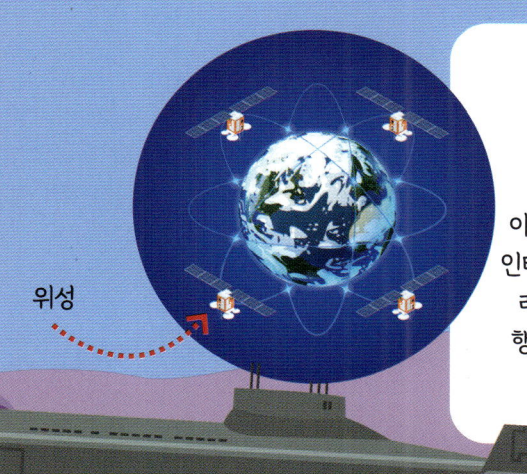

위성

라디오 만세!

세계 곳곳의 TV 영상과 라디오 방송이 라디오파를 이용해 전송되어요. 휴대 전화와 인터넷은 위성을 통해 연결되지요. 라디오파는 심지어 멀리 떨어진 행성의 우주 탐사선과 통신하는 데도 도움이 돼요.

바다 깊은 곳까지 신호를 보낼 수 있어요

잠수함은 '초저주파'와 '극저주파'를 이용해 물속에서 통신해요.

놀라운 무선 통신

와이파이와 블루투스 같은 무선 통신에는 '극고주파'가 활용돼요.

세계에서 가장 빠른 자동차는 총알보다 빨라요

초음속 자동차 '블러드하운드'는 날카롭게 깎은 연필처럼 날렵하게 생겼어요.

소닉 붐

소리는 시속 1,200킬로미터를 넘는 속도로 공기를 이동해요. 보통 제트기가 음속보다 더 빠르게 이동할 때 천둥이 치는 듯한 요란한 폭발음이 발생하는데 이 소리를 '소닉 붐'라고 해요.

지상에서 가장 빠른 자동차

1997년, 앤디 그린이 운행한 초음속 자동차 '스러스트'는 시속 약 1,228 킬로미터로 음속을 돌파하여, 지상에서 가장 빠른 차가 되었어요.

인간의 한계에 도전해요

스러스트로 음속을 돌파한 적이 있는 앤디 그린은 블러드하운드로 시속 1,609킬로미터에 도전하려 했지만, 충분한 개발 자금이 모이지 않아 아직 성공하지 못했어요.

세계에서 가장 빠른 기차는 공중에 뜬 채로 달려요

'자기 부상 열차'는 자석이 지니는 자기력을 이용해 달리는 열차예요. 바퀴가 아예 없지요.

자기 부상 열차의 원리

자기 부상 열차는 초전도 자석을 이용해 선로 위를 10센티미터가량 떠서 이동해요. 공중에 뜨면 마찰 없이 달릴 수 있기 때문에 훨씬 빠르게 달릴 수 있지요!

일본에서 개발 및 시험 운행 중인 자기 부상 열차 'L0계'는 시속 603킬로미터로 달려 세계에서 가장 빠른 열차로 기록되었어요.

초전도체

'초전도체'는 전기 저항이 완전히 사라진 물질이에요. 전기가 통하는 도체 물질을 액체 헬륨을 이용해 섭씨 영하 267도 이하로 냉각시키면 아주 강력한 전자석을 만들 수 있어요.

선로

세계에서 가장 큰 배는 엠파이어 스테이트 빌딩보다 길어요

이런 화물선들은 대개 어마어마하게 크지요.

길고 거대한 바다 괴물

세계적인 해운 회사인 머스크의 초대형 컨테이너 선박은 길이가 무려 400미터에 이른답니다. 높이가 381미터인 엠파이어 스테이트 빌딩보다 더 긴 셈이지요. 엠파이어 스테이트 빌딩의 첨탑과 안테나 높이는 빼고요!

초대형 탱커

세계에서 가장 큰 배는 길이가 458미터로, 석유, 액화 가스, 기름 등을 운반하는 유조선인 '녹 네비스'예요. 하지만 이 배는 2010년에 인도에서 폐기되었어요.

웅장한 배

머스크의 선박 중 하나인 '매츠 머스크'는 너무 커서 파나마 운하를 통과할 수 없어요. 컨테이너 1만 8,000개를 실을 수 있고, 프로펠러 무게만 각각 64톤에 달해요.

가장 큰 육상 운송 수단은 자유의 여신상보다 더 높아요

'배거 288'은 세계에서 가장 큰 굴착기예요.
총 높이는 96미터이고, 버킷 휠은 7층 건물 높이만 해요.

독일 굴착기

독일의 광산용 굴착기인 배거 288은 버킷을 회전시켜 흙을 우걱우걱 먹어 치워요. 버킷 하나당 6,500리터의 흙을 퍼 나를 수 있지요. 광물이 있는 지층을 팔 때면 하루에 석탄 24만 톤을 파내요.

이사 가기

2001년, 배거 288을 23킬로미터 떨어진 광산으로 옮기는 데만 3주가 걸렸어요.

배거 288은 에펠탑보다 무거워요.

버킷

무인 자동차는 깜깜한 어둠 속에서도 달릴 수 있어요

무인 자동차가 알아서 운전하는 동안
우리는 느긋하게 쉴 수 있답니다.

똑똑한 자동차

'자율 주행 자동차'는 사람이 직접 운전하지 않아도 스스로 주행할 수 있는 자동차를 말해요. '무인 자동차'와 비슷하지요. 차에 탑재된 컴퓨터가 도로를 따라 차를 운전하고, 차선을 변경하고, 방향을 유지해요.

빠른 판단

운전자는 경고등이나 경보음을 확인하고도 자동차를 제어하기까지 3~7초가 걸려요. 반면 무인 자동차는 순식간에 반응하지요.

길잡이가 된 센서

교통사고 사망률은 밤이 낮보다 1.7배 더 높아요. 미국의 포드 자동차에서는 '라이더 센서'로 어둠 속에서도 자율 주행하는 자동차를 선보여 높은 사망률을 막고자 했지요.

GPS 안테나
카메라
라이더 센서
(레이저로 사물 간 거리 파악)

자전거는 균형을 잘 잡아요

일단 움직이기 시작하면 운전자가 없어도 쓰러지지 않거든요.

똑똑한 균형 잡기

자전거는 팽이처럼 스스로 균형을 유지해요. 회전하고 있는 물체는 회전축의 방향을 바꾸지 않으려는 관성이 있는데, 자전거 바퀴도 마찬가지이지요. 그래서 자전거는 가만히 세워 두면 쓰러지지만, 시속 13킬로미터 이상 속도를 유지하면 쓰러지지 않고 계속 달려요.

어마어마한 바퀴

탈 수 있는 자전거 중에서 가장 큰 자전거의 바퀴는 지름이 3.3미터예요.

태양열 비행기는 몇 달이나 공중에 머물러요

태양광을 이용해 운항하는 차세대 항공기이지요.

중국의 용

중국의 태양광 드론 'CH-T4'는 조종사가 필요 없어요. 날개가 40미터로 버스 3대를 합친 것만큼 길지만 무게는 단 400킬로그램에 불과하고, 상공 20킬로미터 높이를 날 수 있지요. 또한 태양광으로 움직이기 때문에 연료를 채울 필요도 없답니다.

세계 일주

2016년, '솔라 임펄스 2'는 태양광을 이용해 지구를 일주한 첫 번째 비행기로 기록되었어요.

세계에서 가장 큰 항공기는 우주 왕복선을 들어 올릴 수 있어요

안토노프의 'An-225'는 세계에서 가장 길고 무거운 비행기였어요.

기네스북에 기록된 비행기

소련의 항공기 제작사 안토노프가 만든 An-225는 6개의 거대한 터보팬 엔진으로 공중을 날아올라요. 날개 길이는 축구 경기장만 하며, 흰긴수염고래 6마리를 합친 무게만큼 짐을 실을 수 있지요. An-225는 우주 왕복선 '부란'을 운반하기 위해 1988년에 딱 1대만 제작되었는데, 러시아가 우크라이나에서 벌인 전쟁으로 파괴되어 버렸어요.

An-225의 교신에 쓰인 호출 신호는 '카자크'예요.

초대형 여객기의 바퀴는 대개 18개예요. 그런데 An-225는 바퀴가 32개나 달려 있지요!

건축 기술

건축은 스웨덴 스톡홀름에서 열린 1912년 올림픽에서 처음으로 채택된 뒤, 1948년 영국 런던 올림픽까지 어엿한 올림픽 종목이었어요.

사우디아라비아의 '제다 타워'는 세계 최초로 1킬로미터가 넘는 건물로 지어질 계획이었지만 지금은 공사가 중단되었어요.

런던의 '더 샤드'는 서유럽에서 가장 높은 건물이에요. 하부 지지대를 지하 53미터 깊이까지 설치했답니다.

세계에서 해저 구간이 가장 긴 터널은 영국과 프랑스를 연결하는 '채널 터널'로, 50킬로미터 중 38킬로미터가 해저 구간이에요.

중국의 '시두강 다리'는 세계에서 가장 높은 현수교로, 다리 상판이 땅에서 496미터 떠 있어요.

아프리카 말리의 젠네 지역에는 세계 최대의 진흙 벽돌 건축물인 '젠네 모스크'가 있어요.

'새 둥지'라는 별명이 붙은 베이징의 국립 경기장은 세계에서 가장 큰 철골 건축물이에요. 36킬로미터의 노출 철근은 무게가 11만 톤에 달하지요.

세계에서 가장 아름다운 무덤인 인도의 '타지마할'은 코끼리 1,000여 마리가 동원되어 지어졌어요.

프랑스에 있는 고대 로마의 수도교인 '가르교'는 시멘트 같은 접착제 없이, 오직 6톤짜리 돌들을 쌓아 올려서 지은 건축물이에요.

스페인에 있는 '빌바오 구겐하임 미술관'은 위에서 내려다보면 꽃 모양을 하고 있어요. 외벽은 3만 3,000장의 아주 얇은 티타늄 패널로 만들어졌어요.

세계에서 가장 높은 건물
부르즈 할리파

에펠탑보다 3배 더 높고, 엠파이어 스테이트 빌딩보다 거의 2배나 높은 '부르즈 할리파'는 세계 기록을 7개 보유하고 있어요.

아랍 에미리트의 두바이에 있는 세계에서 가장 높은 단독 건물로, 높이가 828미터나 돼요.

세계에서 가장 긴 엘리베이터를 타고 140층까지 올라갈 수 있어요.

이 고층 건물에 쓰인 알루미늄으로 최소한 5대의 초대형 여객기를 만들 수 있을 거예요.

이 건물에 쓰인 콘크리트의 무게는 코끼리 10만 마리의 무게와 맞먹어요.

두바이에서 가장 유명한 팜 주메이라

'팜 주메이라'는 바다를 메워 만든 인공 섬이에요.

가장 큰 인공 섬

팜 주메이라는 면적이 축구장 800개보다 넓은 데다 섬 전체가 거대한 야자나무 모양이에요. 엄청난 공학 기술이 모여 만들어 낸 인공 섬이지요.

환대의 도시

야자나무는 중동의 역사와 문화에서 중요한 의미를 가져요. 야자나무는 손님을 따뜻하게 반기는 환대를 상징하지요.

벨크로는 도꼬마리 열매의 가시를 본떠 발명되었어요

옷과 가방, 심지어 우주복에도 쓰이는 다용도 잠금장치이지요.

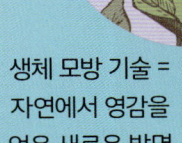

생체 모방 기술 = 자연에서 영감을 얻은 새로운 발명

벨크로가 된 가시

벨크로는 한쪽 면은 갈고리 모양으로, 다른 면은 둥근 고리 모양으로 된 천의 두 면을 붙이면 착 달라붙어 잘 떨어지지 않아요. 1941년, 스위스의 공학자 조르주 드 메스트랄이 개와 산책을 다녀온 뒤 몸에 붙은 도꼬마리 열매의 가시를 보고 만들었지요. 흔히 '찍찍이'라고도 불러요.

우주인은 코가 가려울 때면 헬멧 안쪽에 붙은 작은 벨크로로 코를 긁어요.

전화기로 한 최초의 말은 무엇일까요?

1876년 3월 10일, 최초의 전화 통화 내용은 "왓슨 씨, 이리 오세요."였어요.

진동 소리

스코틀랜드 출신의 발명가 알렉산더 그레이엄 벨은 여러 개의 전신 부호를 같은 선으로 보낼 수 없을지 연구하던 중에 '탕' 하고 울리는 소리를 들었어요. 그리고 기계로 인간의 목소리를 전송할 수 있는 탁월한 아이디어를 떠올렸지요.

벨에게 스마트폰이 있었다면 무엇을 만들었을까요?

아이러니하게도 벨의 어머니와 아내는 모두 귀가 잘 들리지 않았어요.

최신 인쇄기는 1초에 잡지 20부 이상을 인쇄할 수 있어요

1455년, 처음으로 기계로 인쇄한 책은 성경이에요.

인쇄기

인쇄 시간

세계에서 가장 빠른 인쇄기는 실린더가 1분당 833회 회전하며 1초당 28부를, 1시간에 10만 부를 찍어 내요. 가장 빠른 사무용 프린터는 1분당 68매를 인쇄하지요.

세상에서 가장 작은 책

일본의 한 인쇄 회사는 계절별 꽃에 관한 책을 만들었는데, 책의 가로세로 길이가 겨우 0.75밀리미터였어요. 이렇게 작은 책을 읽으려면 돋보기가 필요할 거예요.

초판을 가장 많이 찍은 책은 《해리포터와 죽음의 성물》로, 미국에서 1,200만 부를 찍었어요.

6,000가지 재료로 시험한 끝에 만든 백열등 필라멘트

세계를 밝혀요

최초의 실용적인 전구는 미국의 발명가 토머스 에디슨의 손에서 탄생했어요. 필라멘트가 하얗게 빛나려면 매우 가늘고 적당한 저항이 있어야 했는데, 수많은 금속들은 물론 수염으로까지 실험한 결과, 대나무 섬유를 이용해 필라멘트를 만들 수 있다는 사실을 알아냈지요.

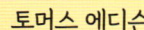
토머스 에디슨

수명이 긴 전구

미국 캘리포니아주의 리버모어에 있는 한 소방서에는 전구 한 개가 100년 넘게 불을 밝히고 있어요.

전구의 효율성

백열등은 에너지 효율이 매우 낮아요. 전기 에너지의 대부분이 열로 빠져나가거든요. 백열등보다는 형광등이, 형광등보다는 LED가 효율이 좋아요.

에너지의 세계

지구가 태양으로부터 1시간 동안 받는 에너지는 우리가 1년 내내 쓰는 에너지보다 많아요.

전기 에너지의 절반가량은 화석 연료를 태워서 만들어져요.

선진국은 개발 도상국보다 훨씬 더 많은 에너지를 사용해요.

'탄소 발자국(풋프린트)'은 개인이나 단체가 활동이나 물건을 생산하고 소비하는 과정에서 발생시키는 온실 가스, 특히 이산화탄소의 총량을 뜻해요.

화석 연료는 먼 옛날 지구에 살았던 생물들의 잔해가 화석처럼 굳어지면서 만들어진 연료예요. 대표적으로는 석유, 석탄, 천연가스 등이 있어요.

구글에서 한 번 검색할 때마다 약 0.2그램의 이산화탄소가 방출돼요.

역사상 최대 규모의 정전은 2012년에 인도에서 발생했어요. 이때 6억 2,000만 명이 전기 없이 지내야 했지요.

지구에서 가장 큰 수력 발전소는 중국의 싼샤 댐이에요.

핵연료인 우라늄이 가진 에너지는 같은 무게의 석유나 석탄보다 약 8,000배 더 강력해요.

싼샤 댐의 발전기 34대가 만드는 에너지는 석탄 4,500만 톤을 태워 생기는 에너지와 같아요.

세계에서 가장 큰 터널 굴착기는 테니스 경기장만 한 구멍을 뚫어요

커다란 버사

세상에서 가장 큰 터널 굴착기의 이름은 '버사'예요. 이 기계의 절단부 높이는 5층 건물만 해요. 1분에 1회씩 회전하는 드릴은 단단한 바위와 흙도 뚫지요. 하지만 2013년, 미국 워싱턴주 시애틀 도로의 지하에서 3.2킬로미터짜리 터널을 뚫다가 옴짝달싹 못 하게 된 적도 있어요. 버사를 다시 빼내는 데 2년이나 걸렸지요.

오래전부터 광부들은 터널 굴착기에 이름을 붙인 뒤 굴착을 시작했어요.

시원시원하게 파요!

버사는 길이가 2층 버스 29대, 무게는 일반 버스 480대를 합친 것과 같아요.

레이저 빔 192대를 동시에 쏘아 핵융합 반응을 이끌어 냈어요

인공 태양

미국 캘리포니아주 리버모어의 국립 점화 시설(NIF)은 투입한 에너지보다 더 많은 에너지, 즉, '순 에너지'를 얻는 핵융합 실험에 성공했어요. 펠릿 연료를 속이 빈 금속 원자로에 넣고 레이저 빔 192대를 쏘아 태양 중심부의 온도와 압력을 재현해 냈지요.

NIF 원자로

1.9메가줄의 고출력 레이저 쏘기

한때는 레이저의 강도를 '질레트'로 측정했어요. 레이저 광선이 뚫을 수 있는 면도날의 수로 강도를 나타낸 거예요.

줄기세포로 아픈 사람을 치료할 수 있어요

슈퍼 세포

사람의 몸에는 200여 가지의 세포가 있어요. 세포는 대부분 자신과 똑같은 세포를 복제하지만, 줄기세포는 종류를 가리지 않고 변신할 수 있는 만능 세포이지요. 의사들은 신체의 손상된 부분을 치료하기 위해 줄기세포를 배양한답니다.

줄기세포는 매달 피부가 다시 자라도록 도와줘요.

원뿔세포

막대세포

기적 같은 전망

연구자들은 빛에 민감하게 반응하는 막대세포와 원뿔세포를 만드는 데 줄기세포를 이용해요. 미래에는 이 세포들을 망막에 이식해서 시각 장애인이 시력을 되찾을 수 있게 도울 거예요.

의수를 3D 프린터로 만들어요

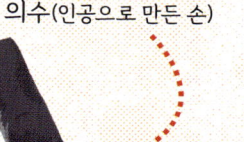
의수(인공으로 만든 손)

멋진 의수

손을 잃었거나 한 손이 없이 태어난 사람도 인터넷에서 내려받은 디지털 파일을 이용해 로봇 손을 만들어 쓸 수 있어요. 3D 프린터로 만든 플라스틱 손은 디자인과 색상이 다양하고, 모양도 근사해서 어린이들이 아주 좋아하지요. 전통적인 의수보다 훨씬 저렴하기 때문에 성장 속도에 따라 교체하기도 좋아요.

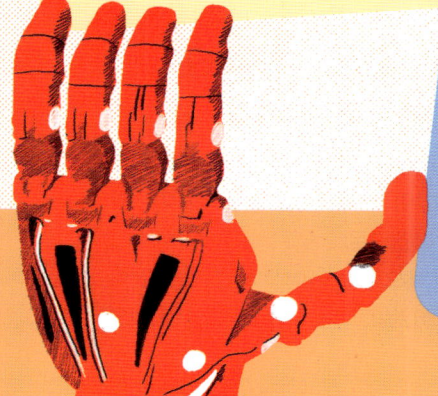

층층이 쌓기

3D 프린팅은 금속, 세라믹, 플라스틱 같은 소재를 노즐로 분사해, 단면을 차곡차곡 쌓아서 물체를 만들어요.

가장 빠른 구기 종목은 하이알라이예요

야구공의 4분의 3 크기에 골프공보다
더 단단한 펠로타는 가장 빠른 공이에요.

브라질 고무를
손으로 감아
만드는 중심부

손으로 꿰맨
염소 가죽

바깥을 감싸는
두 번째
염소 가죽

하이알라이는
바스크어로
'즐거운 축제'를
뜻해요.

던지고 받아요

하이알라이는 스쿼시와 비슷한 실내
스포츠예요. 3면이 벽인 경기장에서
상대방이 벽에 친 펠로타가 되돌아오면
라켓으로 그 펠로타를 받아서
다시 벽으로 쳐 내야 하지요. 펠로타는
시속 302킬로미터로 쏜살같이 움직여요.

운동복으로 심장 박동을 측정해요

우리가 지니고 다닐 수 있는 첨단 기술을 '웨어러블 테크놀로지'라고 해요.

맞춤형 패션

운동 상태를 기록할 수 있는 생체 측정 셔츠도 있어요. 원단에 전자 장치가 달려 있어서 보행 횟수는 물론 근육 활동, 호흡, 심장 박동까지 측정할 수 있지요.

근전도 검사

스마트 운동복은 근전도 검사 기술에 기반을 두고 있어요. 근육에서 발생하는 전기적 활동을 측정하는 거예요.

충전 완료!

배터리를 다 써 버렸다고요? 걱정하지 마세요. 스마트 운동복의 최신 기술로 신체 활동이나 우리 몸의 열에너지를 저장해 배터리를 충전할 수 있어요.

최초의 휴대 전화는 설탕 한 자루만큼 무거웠어요

초기의 커다란 벽돌 같은 배터리는 10시간 동안 충전해서 30분 사용할 수 있었어요.

부담스러운 가격
최초의 휴대 전화는 값이 3,995달러였어요.

여보세요?
최초의 휴대 전화 통화는 1973년 4월 3일에 이루어졌답니다.

전화기로 찰칵!
1997년, 필립 칸은 전화기로 찍은 최초의 사진을 공유했어요. 갓 태어난 그의 아기 사진이었지요.

핀란드 대표 상품
2억 5,000만 대 이상 판매된 '노키아 1100'은 역사상 가장 많이 팔린 전자 제품이었어요.

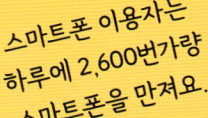

스마트폰 이용자는 하루에 2,600번가량 스마트폰을 만져요.

우리는 매일 100만 장의 셀프 카메라를 찍어요

멋있는 표정을 지어 볼까요? 찰칵! 찰칵!

셀카 봉

쭉 늘어나는 셀카 봉은 1980년대에 처음 발명되었지만, 당시에는 크게 유행하지 않았어요.

위험한 셀프 카메라

셀프 카메라는 사람들이 가장 많이 찍는 사진이에요. 2015년, 구글 서버에는 자신을 촬영한 사진 240억 장이 올라갔지요. 하지만 조심하세요! 같은 해에 상어에게 목숨을 빼앗긴 사람보다 자기 모습을 찍다 목숨을 잃은 사람이 더 많았거든요.

우주 최초의 셀프 카메라

1966년, 우주에 첫발을 내디딘 미국의 우주 비행사 버즈 올드린이 우주에서 처음으로 셀프 카메라를 찍은 사람이에요.

슈퍼 초고속 카메라는 빛의 움직임도 포착해요

초고속 카메라를 이용하면 물이 든 풍선이 터지고, 달걀을 망치로 깨뜨리고, 강아지가 물을 털어 내며 귀를 펄럭이는 모습을 세세하게 감상할 수 있어요. 이런 촬영을 슬로 모션 촬영이라고 하지요!

느린 화면

초고속 카메라는 일반 카메라보다 훨씬 빠르게 촬영해 초당 더 많은 프레임을 찍어요. 이렇게 촬영한 영상을 일반적인 속도로 재생하면 촬영한 움직임이 실제보다 더 느리게 보여져요. 그래서 너무 빠르게 지나가 맨눈으로는 볼 수 없었던 장면도 볼 수 있지요.

초고속 촬영

'펨토 포토그래피' 카메라는 1초당 1조 프레임을 촬영하는 초고속 카메라예요. 빛이 물질을 통과하는 모습까지 볼 수 있지요.

지구 궤도를 도는 8,000여 개의 인공위성

인공위성은 전화와 인터넷 통신을 전송하고, 텔레비전과 라디오 신호를 전달하며, 지구를 관측하고 우리를 감시하기도 해요.

인공위성

스푸트니크 1호

최초의 인공위성

최초의 인공위성은 1957년 10월 4일에 발사되었어요. 라디오 송신 장치를 실은 스푸트니크 1호는 공 모양의 인공위성으로, 약 3달 동안 지구를 돌다가 지구 대기권으로 떨어지며 불탔지요.

우주 쓰레기

우주에는 인공위성 같은 우주 탐사 장비만 있지 않아요. 우주 쓰레기 처리 임무를 맡은 유럽 우주 기구(ESA)는 폭이 10센티미터가 넘는 우주 쓰레기가 약 3만 6,500개 있다고 추정해요.

위치 확인 시스템(GPS)은 지구에서 2만 4,000킬로미터 떨어져 궤도를 도는 인공위성 24개를 이용해 위치를 알려 주어요.

인터넷 속으로

인터넷은 전 세계를 연결하는 광활한 통신망이에요.

상어는 해저에 깔린 인터넷 케이블을 즐겨 씹곤 한답니다.

'월드 와이드 웹(WWW)'은 인터넷 망에서 정보를 쉽게 찾을 수 있도록 고안된 방법이에요.

영국의 컴퓨터 과학자 팀 버너스 리가 1989년에 월드 와이드 웹을 개발했어요.

인터넷은 87억 대의 장치에 접속한 32억 명의 사람들을 연결해 주어요.

인터넷으로 보낸 데이터는 '패킷'이라는 단위로 잘게 쪼개져서 전송되어요. 이 패킷들은 최적의 경로를 따라 이동해 사용자의 컴퓨터에 도달한 뒤 다시 온전한 데이터로 조립되어요.

'2Africa 컨소시엄 프로젝트'는 아프리카와 유럽, 아시아를 잇는 세계에서 가장 긴 해저 케이블 사업이에요. 3만 7,000킬로미터 길이의 사업으로 시작했지만, 규모가 4만 5,000킬로미터까지 확장되면서 더 많은 지역들을 연결할 예정이지요.

인터넷에서 데이터를 전송할 때면 엄청 많은 전자가 필요한데, 이 전자들의 무게를 합하면 딸기 한 알과 비슷해지지요.

전체 이메일의 약 3분의 2는 스팸 메일이에요.

온라인에 올라간 여러분의 개인 정보는 세계 곳곳의 데이터 센터 어디에나 퍼져 있을 수 있어요.

세계 최초의 웹캠은 케임브리지 대학교의 컴퓨터 실험실에 있는 커피 주전자에 달려 있었어요. 직접 가지 않고도 남은 커피의 양을 확인할 수 있어 사람들이 헛걸음하지 않도록 도왔지요.

세계에서 가장 강력한 슈퍼컴퓨터는 1초당 110경 2,000조 번의 계산을 해요

2022년을 기준으로 미국 오크리지 연구소의 '프런티어'는 세계에서 가장 빠른 컴퓨터랍니다.

슈퍼컴퓨터의 성능은 1초당 수행한 연산 횟수를 의미하는 '플롭스'로 나타내요.

뛰어난 문제 해결사

슈퍼컴퓨터는 엄청나게 커서 창고 전체를 차지하기도 해요. 하지만 우주의 탄생과 팽창처럼 무척 복잡하고 어려운 문제를 계산하기도 하고, 기후도 예측할 수 있지요. 현재 슈퍼컴퓨터 분야에서는 미국과 중국이 선두를 달려요.

1초당 수행 연산 = 1플롭스
2017 아이맥 = 1,900,000,000,000플롭스 (1.9테라플롭스)
프런티어 = 1,102,000,000,000,000,000플롭스 (1.102엑사플롭스)

아폴로 11호에 실린 컴퓨터의 성능은 오늘날의 계산기와 비슷했어요

지금 우리가 쓰는 휴대 전화는 달에 갔던 아폴로 11호의 컴퓨터보다 성능이 훨씬 좋아요.

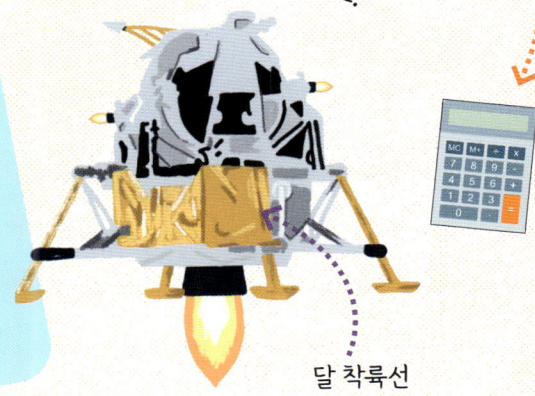

달 착륙선

비행하는 토스터

아폴로 11호에 실린 컴퓨터는 토스터보다 더 단순했어요. 메모리가 공학용 계산기보다도 적었지요. 현대의 컴퓨터는 아폴로 11호의 컴퓨터보다 6만 배 더 빠르게 작업을 수행해요.

메모리(RAM) 비교

아폴로 11호 컴퓨터: 4킬로바이트
아이폰 14: 6,000,000킬로바이트
(6기가바이트)

기지를 발휘해 위기를 극복한 우주 비행사

아폴로 11호의 달 착륙선 이글호는 달 표면에 접근했을 무렵 컴퓨터에 과부하가 걸려 작동을 멈춰 버렸어요. 다행히 닐 암스트롱이 착륙선을 수동으로 조종해 아슬아슬하게 달에 내렸지요.

1955년에는 데이터 5메가바이트가 상당히 무거웠어요

세계 최초의 컴퓨터 저장 장치인 'IBM 305 RAMAC'은 냉장고 두 대 크기의 캐비닛에 들어 있어서 옮기려면 지게차가 필요했어요. 게다가 커다란 알루미늄 디스크 50개에 약 5메가바이트밖에 저장하지 못했지요. 노트북처럼 무릎에 올려 두고 쓰는 건 생각할 수도 없었답니다.

프린터 · · · 처리 장치 · · · 제어 장치

비트와 바이트

비트(Bit) - 정보의 최소 단위. 0 또는 1을 사용해요.

바이트(Byte) - 1바이트는 8비트예요.

테라바이트(Terabyte)
1TB = 1,000,000,000,000,000바이트
10TB는 미국 의회 도서관의 모든 책을 모은 것과 같아요.

요타바이트(Yottabyte)
1YB = 1,000,000,000,000,000,000,000,000바이트
인터넷에는 약 1요타바이트 정도의 데이터가 있어요.

매일 2테라바이트의 사진이 소셜 미디어에 올라가요.

세계 최초의 웹 사이트는 1990년에 만들어졌어요

세계적인 정보 공간의 시작이었지요.

인터넷 공간

'월드 와이드 웹'은 인터넷을 기반으로 한 플랫폼이에요. 각 페이지는 URL이라고 하는 주소를 통해 접근할 수 있어요. 웹 페이지들은 하이퍼링크로 서로 연결되어 있고, 연결된 웹 페이지들의 모음이 하나의 웹 사이트이지요.

세계 최초의 웹 페이지에 방문해 보세요.
http://info.cern.ch/hypertext/WWW/TheProject.html

최초의 웹 서버로 쓰인 NeXT 컴퓨터는 현재 스위스의 유럽 입자 물리 연구소(CERN)에 전시되어 있어요.

세계에서 가장 흔한 비밀번호는 123456이에요

취약한 보안 상태

많은 사람들이 추측하기 쉬운 비밀번호를 컴퓨터와 이메일, 은행 계좌에 사용하고 있어요. '1111'이나 'qwerty'처럼 연속되는 숫자나 문자, 그리고 'monkey'처럼 일상적인 단어는 비밀번호로 적절하지 않아요. 'cheese' 대신 'ch33se'를 쓰는 것처럼 흔히 연상할 수 있는 문자로 대체한 비밀번호 역시 좋지 않지요.

강력한 암호 만들기

영문과 특수 문자를 섞어 짧은 비밀번호를 만들기보다는, 여러 단어들을 섞어 최소 15자 이상의 '패스프레이즈'형 비밀번호를 사용해 보세요. 훨씬 안전하면서도 기억하기 쉬울 거예요.

좋아하는 단어로 어려운 비밀번호를 만들어 볼까?

horseapplecream

매달 약 6,000개의 새로운 컴퓨터 바이러스가 나와요

감염 장소

악성 소프트웨어는 사용자의 컴퓨터를 공격하는 컴퓨터 코드로, 설치되고 나면 컴퓨터를 원격으로 제어하기도 하고, 네트워크를 통해 다른 컴퓨터로 퍼져 나가요. 대표적인 악성 소프트웨어는 다음과 같아요.

바이러스

응용 프로그램에 침투해 컴퓨터 파일을 변형시키고 주변의 다른 프로그램들을 감염시켜요.

봇네트

악성 프로그램에 감염되어 해커의 통제를 받는 컴퓨터 네트워크예요.

웜

스스로를 복제해 시스템 과부하를 일으킨 뒤 다른 컴퓨터로 퍼져 나가요.

트로이 목마

정상적인 프로그램으로 위장하여 감염된 컴퓨터의 정보를 빼 가거나 삭제해요.

양자 컴퓨터는 1억 배 더 빨라요

가정용 컴퓨터에 비교하면 말이지요. 양자 컴퓨터는 일반 슈퍼컴퓨터가 수백만 년에 걸려서 처리할 문제를 훨씬 빠르게 해결해요.

큐비트

양자 컴퓨터의 기본 단위는 '큐비트'예요. '퀀텀 비트'를 줄인 말로, 0과 1로 정보를 저장하는 전통적인 컴퓨터 비트와 달리 큐비트는 0과 1을 각각 저장할 뿐만 아니라 0과 1이 동시에 존재하는 상태도 허용해요. 덕분에 더 많은 자료를 더 빠르게 처리할 수 있답니다.

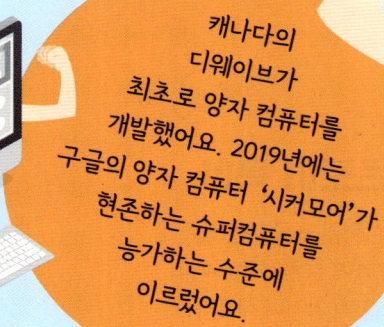

캐나다의 디웨이브가 최초로 양자 컴퓨터를 개발했어요. 2019년에는 구글의 양자 컴퓨터 '시커모어'가 현존하는 슈퍼컴퓨터를 능가하는 수준에 이르렀어요.

@ 기호는 최신 모스 부호예요

전화가 등장하기 전까지 사람들은 모스 부호를 이용해 메시지를 보냈어요. 아마추어 무선 통신 동호인들과 일부 선박에서는 여전히 이런 방법으로 소통하지요.

새로운 모스 부호

2004년, 최초의 모스 통신이 이루어진 지 160년을 기념해 @ 기호가 모스 부호에 공식적으로 추가되었어요. 제1차 세계 대전 이후에 처음으로 추가된 기호였지요. 그 덕에 모스 부호로 이메일 주소도 보낼 수 있게 되었어요.

모스 부호 발신 장치

한국에서는 @ 기호를 '골뱅이(표)'라고 부르는데, 이탈리아에서는 '달팽이'라고 불러요.

모스 부호는 점과 선으로 이루어져 있어요.

· · — · —   — —   · — · ·   · · · ·   — (고마워)

— · —   · — · —   · ·   · · · ·   — · — (안녕)

로봇

로봇(robot)은 일한다는 뜻의 체코어 'robota'에서 유래했어요.

우리는 이미 9백만 대의 로봇과 함께 살고 있어요.

로봇은 자동차 조립과 운전, 폭탄 해체, 남극 심해 잠수, 우주 행성 탐험, 그리고 집안일까지 해요. 아휴, 바빠!

로봇은 인간에게 위험한 환경에서도 일할 수 있어요.

최초의 로봇은 기원전 350년에 만들어진 기계식 '새'로, 200미터를 날았어요.

화성은 유일하게 로봇만 사는 행성이에요.

공상 과학 소설 작가 아이작 아시모프가 제시한 '로봇 3원칙'은 지금도 로봇을 개발하는 기본적인 원칙으로 인정받고 있어요.

1. 로봇은 인간을 해칠 수 없고, 인간을 위험한 상황에 두어서도 안 된다.

2. 로봇은 1의 원칙에 어긋나지 않는 한 인간이 내린 명령에 복종해야 한다.

3. 로봇은 1과 2의 원칙에 어긋나지 않는 한 스스로를 보호해야 한다.

실험실에서 신체 부위를 만들어요

머지않아 의사들은 정비공이 자동차 부품을 교체하듯
손상된 신체 부위를 새로 만들어 갈아 끼울 수 있을 거예요.

신체 상점

과학자들은 인간의 신체 부위를 만드는 방법을 연구하고 있어요. 근육과 혈관을 비롯해 피부, 심장, 방광, 귀, 코, 심지어 뇌 조직까지요!

새로운 귀를 만드는 방법

1. 3D 프린터로 플라스틱 뼈대를 만들어요.

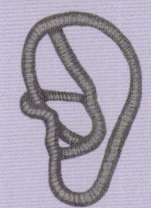

2. 뼈대에 줄기세포를 심고 세포가 든 배양액에 담가요.

3. 정원에서 식물이 자라듯 새로운 세포가 자라기를 기다려요.

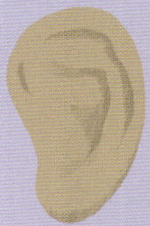

도롱뇽

동물의 재생 능력

불가사리와 도롱뇽은 잃어버린 팔이나 꼬리를 재생할 수 있어요. 반으로 잘린 해삼은 몇 개월 뒤면 2마리로 자라지요!

거미의 유전자를 가진 염소가 존재해요

유전자 재조합

'유전자 변형 생물(GMO)'은 유전 공학으로 변형된 DNA를 가진 생물이에요. 북극 어류의 '결빙 방지 단백질' 유전자를 지녀 얼지 않는 토마토가 그 예이지요. 유전자 변형 작물은 기이한 돌연변이로 여겨지지만, 대개는 각종 병충해에 강한 작물이에요.

거미 염소

1999년, 과학자들은 거미의 유전자를 염소의 DNA에 넣어 '거미 염소'를 만들었어요. 이 염소는 젖에서 많은 양의 '거미 단백질'을 분비하는데, 젖에서 분리한 거미줄 단백질은 아주 가볍고 튼튼한 옷감으로 활용될 수 있어요.

모든 바나나는 클론이에요

'복제'는 유전적으로 똑같은 세포나 생물을 만드는 방법 또는 현상이에요. 그렇게 만들어 낸 개체 각각을 '클론'이라 하지요. 바나나는 원래 과육에 씨앗이 있지만 우리는 씨가 없는 바나나 품종만 복제해 먹고 있어요.

양을 복제하는 방법

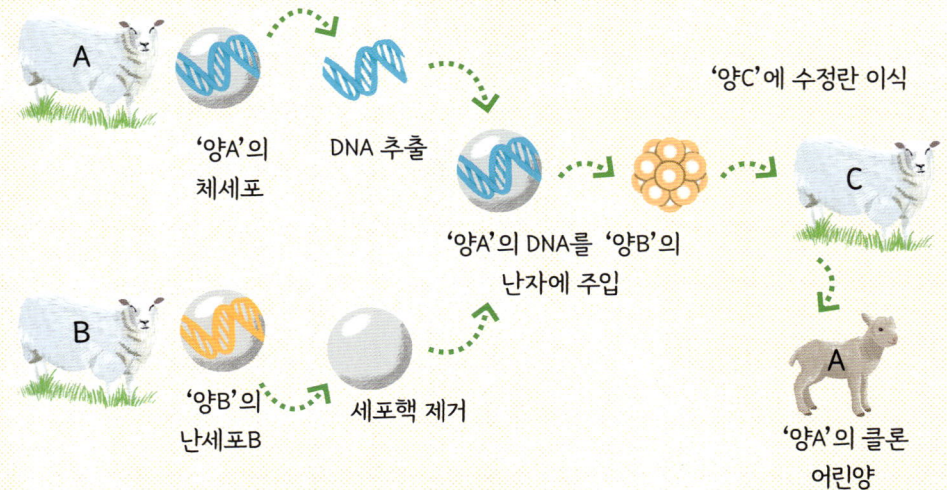

- '양A'의 체세포
- DNA 추출
- '양A'의 DNA를 '양B'의 난자에 주입
- '양C'에 수정란 이식
- '양B'의 난세포B
- 세포핵 제거
- '양A'의 클론 어린양

최초의 복제 동물

가장 유명한 복제 방식은 체세포 복제예요. 1996년, 이 방식으로 최초의 복제 양 '돌리'가 탄생했지요. 인간 복제는 대부분의 나라에서 불법이에요.

가장 비싼 고기 패티는 33만 달러가 넘어요

어떤 고기일까요?

2013년, 런던에서 2명의 지원자가 특별한 햄버거를 먹기 위해 관객 앞에 앉았어요. 실험실에서 인공적으로 생산한 소고기를 먹는 시식회였지요. 이 고기를 만들기 위해 3달 간 실험에 들어간 돈은 33만 달러 정도였어요.

인조고기

인조고기는 살아 있는 동물 세포에서 채취된 줄기세포를 실험실에서 배양해 얻어요. 인조고기를 좋아하는 사람들은 인조고기가 동물의 생명을 살릴 뿐만 아니라 환경도 보호한다고 말해요. 반면 비평가들은 기괴하고 맛도 이상하다고 주장하지요.

생명을 유지하려면 유전자가 최소 473개 필요해요

필수 유전자

2016년, 미국의 크레이그 벤터 박사의 연구팀은 생명체가 살아가는 데 필요한 최소한의 유전자로 구성된 인공 생명체를 만들었어요. 연구에 사용된 세균은 원래 유전자가 525개인데, 473개만 남기고 나머지 유전자를 빼냈지요. 그런데도 세균은 살아남았을 뿐 아니라 그 수를 늘려 갔어요.

독립적으로 생존하는 세균은 보통 1,500~7,500개의 유전자를 가져요.

유전자

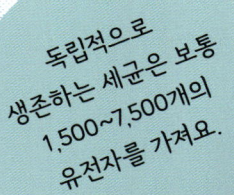

게놈

'유전체'라고도 하는 게놈은 한 개체의 모든 유전 정보를 뜻해요.

돌연변이 모기가 말라리아 감염을 예방할 수도 있어요

열대 지역의 전염병

말라리아는 모기를 통해 전파되는 열대성 질환으로, 말라리아에 감염되면 적혈구가 파괴되어 열과 오한이 생겨요.

말라리아로 매년 50만 명 이상이 죽어요.

해충 제거

과학자들은 말라리아 질병을 퍼뜨리는 암컷 모기가 번식하지 못하게 유전자를 편집하려고 해요. 유전자가 변형된 모기가 야생에 퍼지면 개체 수가 줄어 질병도 막을 수 있지요. 하지만 야생 모기가 유전자 변형을 견딜 수 있을지, 이로 인해 생태계에 문제가 생기지 않을지는 확실히 알지 못해요.

모든 자석에는 N극과 S극이 있어요

신비한 자석

막대자석을 둘로 나눠 보세요. S극 자석 하나와 N극 자석 하나가 아니라 똑같이 양극이 있는 자석 2개가 될 거예요. 심지어 입자가 한 개만 남을 때까지 나누어도 여전히 양극이 존재할 거예요.

단 하나의 극

이론상으로는 극이 하나뿐인 자석이 존재할 수 있지만, 아직 아무도 발견하지 못했어요.

나침반의 원리

자기장에 둘러싸인 지구는 북극이 S극, 남극이 N극인 자석과 같아요. 그래서 나침반의 N극 바늘은 언제나 북극을 향하는 거예요.

MRI 기계는 아주 강력한 자석과도 같아요

MRI의 원리

MRI 기계에 들어가면 강력한 자기장 때문에 몸이 자성을 띠게 되면서 몸속의 수소 원자핵이 한 방향으로 정렬돼요. 여기에 고주파를 쏘아 수소 원자핵이 반응을 일으키면 이 신호들을 모아 컴퓨터로 영상화하는 거예요.

자석의 위력

자기 공명 영상(MRI) 기계는 강력한 자석 덩어리나 마찬가지예요. MRI 검사를 할 때 몸에 의치나 장신구 같은 금속이 있으면 의사에게 반드시 알려야 해요.

MRI 기계가 내뿜는 자기장은 지구 자기장보다 최대 6만 배 더 강력해요.

전기장은 불꽃을 구부려요

전하가 전기적인 힘을 받는 공간을 '전기장'이라고 해요.

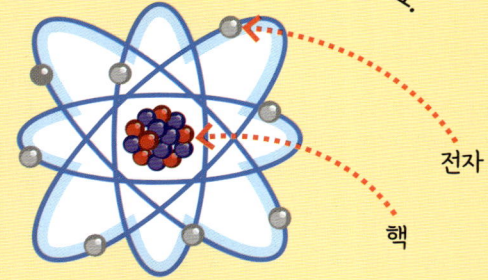

전자

핵

납작하게 누운 불꽃

불을 움직이는 전기

양전하를 띠는 금속판과 음전하를 띠는 금속판 사이에 촛불을 넣으면 불꽃이 음전하를 향해 구부러져요. 왜 그럴까요? 공기는 원자로 이루어져 있고, 각각의 원자에는 음전하를 띠는 전자가 양전하를 띠는 핵 주위를 돌고 있어요. 그런데 촛불의 열로 전자가 공기 분자에서 떨어지면서 양전하를 띠는 이온인 양이온만 남게 되어요. 그 양이온이 음전하를 띠는 금속판과 반응하면서 불꽃이 휘어져요.

대형 강입자 충돌기는 세계에서 가장 큰 기계예요

'강입자 충돌기'는 입자들을 빠른 속도로 충돌시키는 장치예요.

우주를 밝히는 충돌

대형 강입자 충돌기(LHC)는 스위스의 유럽 입자 물리 연구소(CERN)에 설치되었는데, 너무 커서 스위스와 프랑스의 국경을 지날 정도예요. 양성자가 강입자 충돌기의 거대한 원형 터널 안에서 빛에 가까운 속도로 움직이며 충돌해 '꽝!' 하며 눈부신 섬광을 내뿜지요. 우리는 이런 실험을 통해 빅뱅 직후 우주에 어떤 일이 일어났는지 엿볼 수 있지요.

어마어마한 발견

입자들을 충돌시키면 다양한 물리 현상을 살펴볼 수 있어요. 2012년, 물질에 질량을 부여하는 '힉스 입자'도 강입자 충돌기로 발견했지요.

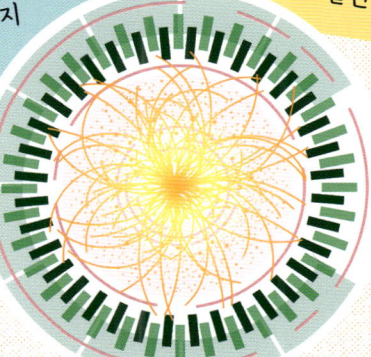

중력은 우주에 작용하는 기본적인 힘 중에서 가장 약해요

지구가 끌어당기는 힘

중력 덕분에 우리는 땅에 발을 디디고 살며, 태양계 행성들은 태양과 일정한 거리를 유지하며 태양 주위를 돌아요. 우리가 바닥에 넘어질 때면 중력이 무척 센 힘처럼 느껴져요. 하지만 쇠못 하나에 작용하는 지구의 중력은 작은 막대자석보다도 약해요.

중력은 전자기력보다 10^{36}배 더 약해요.

우주의 4가지 힘

우주에는 4가지의 기본적인 힘이 존재해요.
'강력'과 '약력'은 원자 안에서 원자핵에 작용하는 힘이에요.
'전자기력'은 전기나 자기를 띤 입자끼리 작용하는 힘이지요.
'중력'은 질량을 가진 물체들이 서로 당기는 힘이에요.

전선 속 전자는 끈적끈적한 꿀과 비슷한 속도로 흘러요

전자는 전선을 타고 움직이며 전류를 만들지요.

번개처럼 빠르게

전자 하나하나는 느리게 움직이지만 전선을 타고 퍼지는 전자기파는 빛의 속도로 움직여요. 전자들은 이 파동을 받는 동시에 일제히 움직이기 시작하지요. 전자기파 가운데 파장이 가장 긴 라디오파는 통신이나 방송에 쓰여요.

전선을 흐르는 전자는 초당 약 1밀리미터씩 움직여요.

전자기파

'마이크로파'는 휴대 전화 통신망에 사용되고, 전자레인지에도 쓰여요.

파장이 짧은 전자기파부터 나열하면 감마선, X선, 자외선, 가시광선, 적외선, 마이크로파, 라디오파 순이에요.

'가시광선'은 사람의 눈에도 보여요.

'라디오파'는 세계 곳곳으로 이동하다가 우주의 인공위성에 부딪혀 튕겨 나오기도 해요.

전파 망원경은 천체에서 오는 약한 전파를 관측해요.

야간 투시경

뜨거운 물체는 '적외선'이라는 빛을 내뿜는데, 야간 투시경으로 관측할 수 있답니다.

원자로와 핵폭탄에서 방출되는 '감마선'은 가장 활동적인 형태의 빛이에요.

투과력이 높은 'X선'은 몸속을 들여다볼 때 쓰여요. 피부와 근육을 통과하지만 뼈를 지나가지는 못해 뼈의 모습을 보여 주거든요.

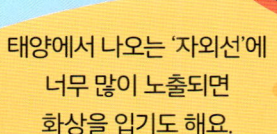

태양에서 나오는 '자외선'에 너무 많이 노출되면 화상을 입기도 해요.

우주 배경 복사를 볼 수 있다면
하늘이 불타듯 이글거릴 거예요

우주에서 온 잡음

1964년에 벨 연구소에서 일하던 아르노 펜지어스와 로버트 윌슨은 전파 망원경에 잡히는 잡음을 없애려다 위대한 발견을 하게 돼요. 이 잡음이 바로 태초의 우주에서 흘러나온 전자기파, '우주 배경 복사'였거든요.

태초의 빛

우주 배경 복사는 우주를 탄생시킨 커다란 에너지가 남긴 빛이에요. 우주에 빛이 처음으로 방출되던 순간에 만들어졌기 때문에 우리가 볼 수 있는 가장 오래된 빛이지요.

우연히 발명된 전자레인지

전자레인지는 이제 주방에 꼭 필요한 전자 제품이지요!

급속 가열

1946년에 미국의 공학자였던 퍼시 스펜서는 마그네트론(마이크로파를 발생시키는 관) 옆에 서 있다가 주머니에 든 초콜릿이 찐득찐득한 덩어리로 녹아 버린 것을 발견했어요. 그는 호기심이 발동해 장비 아래에 달걀을 넣어 보았고, 이내 달걀이 폭발해 얼굴을 뒤덮어 버렸어요!

가열 원리

전자레인지는 마이크로파로 음식 속의 물 분자를 빠르게 회전시켜요. 마이크로파가 많이 진동할수록 음식은 더 뜨거워지지요.

마이크로파 자체가 뜨겁지는 않아요. 인터넷 공유기 역시 마이크로파를 내보내지만 우리를 뜨겁게 달구지는 않아요.

하늘에서 떨어지는 속도에도 한계가 있어요

어디까지가 한계일까요?

이론적으로는 비행기에서 뛰어내리면 땅으로 곤두박질치는 낙하 속도가 꾸준히 올라가야 해요. 하지만 실제로는 대기의 공기가 내려가는 움직임에 저항을 주기 때문에 어느 지점에 이르면 공기 저항이 중력보다 커지고, 낙하 속도는 두 힘이 균형을 이룰 때까지 줄어들어요. 그래서 자유 낙하 속도는 최대 시속 200킬로미터 정도이지요.

가장 빠른 낙하

두려움을 모르는 펠릭스 바움가르트너는 2012년에 우주에서 스카이다이빙을 해, 시속 1,357킬로미터로 낙하했어요!

브라질에서 나비가 날개를 펄럭이면 미국에서는 토네이도가 일어날 수 있어요

나비 효과

과학자들은 슈퍼컴퓨터에 여러 데이터를 입력해 미래에 어떤 일이 일어날지 예측해요. 당연히 데이터가 많아질수록 예측도 정확해지지요. 하지만 슈퍼컴퓨터로도 잡아낼 수 없는 나비의 날갯짓처럼 작은 변화 하나가 거대한 폭풍을 불러오기도 한답니다.

자연의 섭리

이 세상에는 수치화할 수 없는 복잡하고 놀라운 일들이 너무나 많아요. 뜻밖의 자연재해들이 계속 발생하는 것처럼요.

1,000억 개의 중성 미자가 매초 우리를 통과해요

'중성 미자'는 전기를 띠지 않는 중성의 아주 작고 가벼운 입자예요.

중성 미자

유령 입자

중성 미자는 감지하기 가장 어려운 입자 중 하나예요. 질량이 거의 0이고, 어떤 전하도 갖지 않으며, 빛의 속도에 가깝게 움직이지요. 또 너무 작고 자기장과 전기장의 영향을 받지 않기 때문에 사람의 몸이나 산, 지구 같은 물질도 유령처럼 휙 뚫고 지나가요. 마치 빈 공간을 지나가는 것처럼요!

우리 몸을 뚫고 지나가는 중성 미자는 대부분 태양에서 나와요.

물질에게는 반물질이라는 쌍둥이가 있어요

그런데 '반물질'은 거의 관측되지 않아요.

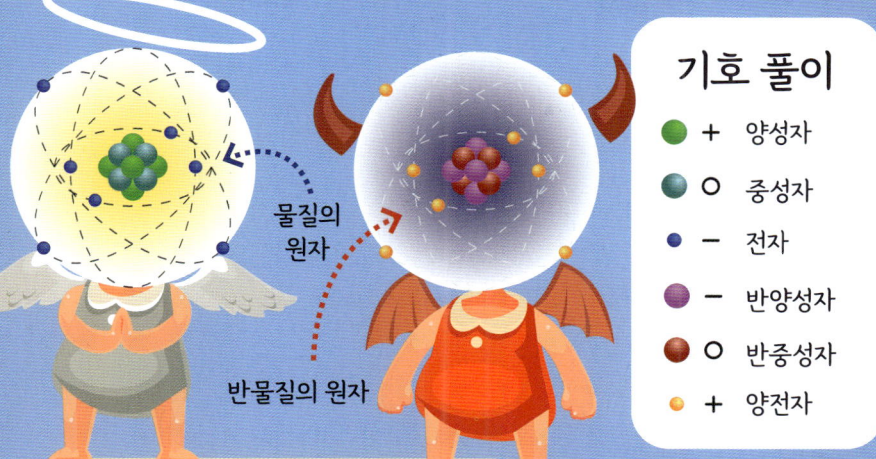

물질의 원자

반물질의 원자

기호 풀이

- 🟢 + 양성자
- 🟢 O 중성자
- 🔵 − 전자
- 🟣 − 반양성자
- 🟤 O 반중성자
- 🟡 + 양전자

반대 입자? 반입자!

물질의 각 입자에는 질량은 같지만 전하의 부호가 반대인 '반입자'가 있어요. 이 반입자로 이루어진 반물질이 물질과 만나면 순식간에 에너지를 내보내 서로를 파괴하면서 둘 다 사라져요.

수수께끼 물질

고에너지 입자를 충돌시키는 실험을 해 보면 같은 양의 물질과 반물질이 만들어져요. 빅뱅의 순간에 같은 일이 일어났다면 물질과 반물질은 완전히 소멸되었어야 해요. 그런데 우주에는 여전히 물질이 존재하지요. 왜 그런지는 아직 아무도 몰라요!

질병은 어떻게 퍼지나요?

잘 보이지 않는 악당

질병이 세균 같은 미생물에 의해 퍼진다는 사실은 이제 너무 당연해 보이지만 질병의 원인은 논란이 많은 주제였어요. 의사와 과학자 들은 한때 유독한 기체가 병을 일으킨다고 믿었지요. 현미경으로 미생물을 볼 수 있게 되면서 그런 생각이 변했고, 덕분에 위생 관념도 크게 바뀌었어요.

얼굴을 가려요

재채기는 병균을 실은 수천 방울의 침과 콧물을 공중에 퍼뜨려요. 우리 몸은 대부분 병균과 싸워 이기지만 면역력이 약해지면 질병에 걸릴 수도 있지요.

약 없이도 나을 수 있는 신비한 플라세보 효과

가짜 약의 심리 효과

'플라세보 효과'는 치료에
도움이 되지 않는 가짜 약(플라세보)을
투여받고도 환자의 마음이 안정돼
병세가 낫는 현상이에요.
당 성분으로 된 가짜 약에는
병을 낫게 하는 성분은 전혀 없어요.
하지만 치료에 도움이 될 거라는
믿음이 효과를 내는 것이지요.

임상 실험 방법

새로운 약을 시험할 때
참가자에게 알리지 않고
절반에게는 진짜 약을,
나머지 반에게는 가짜 약을
주어요. 그리고 두 집단의
투약 결과를 비교해
진짜 약이 효과가
더 좋은지 알아보지요.

가장 낮은 온도는 섭씨 영하 273.15도예요

절대 영도

과학자들은 물질의 열에너지를 측정할 때 '절대 온도 눈금'을 사용해요. 절대 온도의 단위는 'K'로 표시하고, '켈빈'이라고 읽어요. 그중에서도 원자가 운동을 멈추고 열에너지가 없는, 세상에 존재할 수 있는 가장 낮은 온도를 '절대 영도(0K)'라도 하지요. 이 온도는 섭씨 영하 273.15도와 같아요.

실현 가능한 온도일까요?

실제로 절대 영도에 도달하는 것은 불가능해요. 얼마나 추워지든 에너지는 언제나 어느 정도 있기 때문에 입자가 꼼지락 움직일 수 있지요. 특히 가벼운 헬륨 원자의 입자는 더 활발히 움직여서 액체 헬륨은 절대 영도에서도 고체가 되지 않아요.

물의 끓는점
373.15K

사람의 체온
309.5K

실온
293K

물의 어는점
273.15K

절대 영도
0K

완벽한 진공 상태는 없어요

우주에는 1세제곱미터당 분자가 한 개 정도 존재해요.

절대 진공

진공은 물질이 전혀 존재하지 않는 공간이에요. 진공 상태에서는 에너지도 없지요. 하지만 아무리 성능이 좋은 진공 펌프도 밀폐된 용기 안의 기체 분자를 줄일 수 있을 뿐, 결국 입자를 남기게 돼요.

우주는 정말 빈 공간일까요?

가장 완전한 진공은 우주에 있어요. 맨몸으로 우주에 가면 우리 몸은 풍선처럼 부풀다 터질 거예요. 그래서 우주에 나갈 때면 반드시 산소를 공급해 호흡과 기압을 유지시켜 주는 우주복을 입어야 하지요. 하지만 진공 상태인 우주에도 수소와 헬륨 원자, 작은 우주 먼지 입자들이 떠다녀요.

다양한 소리들

1883년, 크라카타우 화산의 폭발음은 역사상 가장 큰 소리로 기록되었어요.

지구에서 가장 조용한 곳은 소리를 99.99퍼센트 흡수하는 미국 미네소타주의 무향실이에요.

우주에서는 비명을 질러도 아무도 듣지 못해요. 음향 에너지는 입자를 통해 진동하며 움직이는데, 우주는 텅 비어 있으니까요.

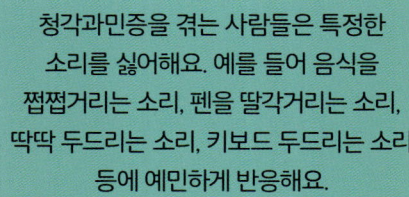

크라카타우 화산 폭발이 인도네시아의 작은 섬을 파괴했고, 그 폭발음은 세계 곳곳에 울렸지요.

청각과민증을 겪는 사람들은 특정한 소리를 싫어해요. 예를 들어 음식을 쩝쩝거리는 소리, 펜을 딸각거리는 소리, 딱딱 두드리는 소리, 키보드 두드리는 소리 등에 예민하게 반응해요.

태양이 분출하는 플라스마가 항성 전체를 진동하게 만들어요.

인간이 들을 수 없는 초음파 소리를 이용해 자궁 속 아기의 사진을 찍을 수 있어요.

'백색 소음'은 진공청소기나 라디오의 잡음, 빗소리처럼 일상생활 곳곳에서 나타나는 소음이에요.

낮은 소리를 들으며 먹는 음식은 더 쓰게 느껴져요.

저주파 소리를 쏘아서 불을 끌 수도 있어요.

바스락거리는 나뭇잎 소리나 지붕에 떨어지는 빗방울 소리는 뇌 활동을 늦추고 숙면에 도움을 주어요.

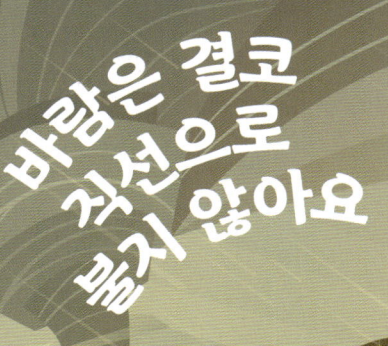

바람은 결코 직선으로 불지 않아요

소용돌이치는 폭풍

바람은 대기의 기압 차이로 일어나는 공기의 움직임으로, 기압이 높은 곳에서 기압이 낮은 곳으로 불어요. 하지만 지구는 자전하기 때문에 바람도 휘어지면서 불지요. 이것을 '전향력(코리올리의 힘)'이라고 해요. 태풍이 북반구에서는 시계 반대 방향으로 회전하고, 남반구에서는 시계 방향으로 회전하는 이유도 바로 지구의 자전 때문이에요.

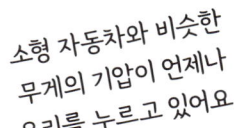

소형 자동차와 비슷한 무게의 기압이 언제나 우리를 누르고 있어요.

물체에 작용하는 보이지 않는 힘이 있어요

힘은 눈에 보이지 않아요. 어떤 힘은 사물을 건드리지 않고도 움직이게 만들지요. 사물의 움직임을 지배하는 이런 신기한 힘을 처음으로 설명한 사람은 아이작 뉴턴이었어요.

뉴턴의 운동 법칙

1. **관성의 법칙**
   다른 힘이 작용하지 않는 한 가만히 있는 물체는 계속 정지해 있고, 움직이던 물체는 계속 똑같은 속도로 움직여요.
   (움직이는 물체를 계속 움직이게 하는 데는 지속적인 힘이 필요하지 않아요.*)

2. **가속도의 법칙**
   힘은 물체의 속도를 변화시켜요.

3. **작용 반작용의 법칙**
   작용하는 모든 힘에는 반대 방향으로 작용하는 같은 크기의 힘이 존재해요.

* 눈에 보이지 않는 마찰력이 움직임을 방해할 수는 있어요.

비행기 날개의 비밀

날개가 핵심이에요

비행기는 어떻게 하늘을 날 수 있을까요? 물리학적으로 보면, 비행기의 날개는 날개 아래쪽보다 위쪽의 공기가 더 빠르게 움직이도록 만들어져 있어요. 그 덕분에 '양력'이 생겨서 공중을 날 수 있는 거예요.

1. 날개 위로 이동하는 공기는 빠르게 움직이고 기압이 낮아요.

2. 날개 뒤쪽으로 흐르는 공기는 아래로 내려가고, 날개 아래쪽 기압을 높여요.

3. 날개 아래쪽의 높은 기압이 비행기를 올리는 힘을 만들어요.

양력

투명 망토는 진짜 있어요

나를 보지 못하는 사람들 사이를 몰래 빠져나가는 상상을 해 본 적 있나요?

스텔스기

은밀한 작전

적과 싸울 때는 적에게 보이지 않게 잘 숨는 것도 중요해요. 스텔스기는 레이더에 잘 포착되지 않는 교묘한 형태와 조용한 날개 엔진, 레이더 전파를 흡수하는 물질을 이용해 모습을 감추는 전술기예요. 하지만 그림자는 숨길 수 없지요.

투명 망토

과학자들은 마법 같은 새로운 물질을 연구하고 있어요. 눈은 반사된 빛을 통해 사물을 인식하는데, 이 새로운 물질을 입힌 투명 망토는 빛을 굴절시켜서 뒤쪽에 있는 사물의 빛을 반사시키지요. 그러면 눈앞의 물체가 아닌 그 뒤쪽의 물체만 보게 되는 거예요!

연기가 보이지 않는 입자들의 움직임을 드러내요

브라운 운동

1827년, 영국의 식물학자 로버트 브라운은 연기나 먼지, 꽃가루 알갱이 같은 미세 입자들을 물에 넣고 현미경으로 관찰하다가 입자들이 외부의 간섭 없이도 사방으로 빠르게 움직이며 퍼져 나가는 것을 발견했어요. 이러한 움직임을 바로 '브라운 운동'이라고 해요.

다른 과학자들은 이 무작위 운동이 물의 대류 현상 때문에 일어난다고 생각했어요. 그러나 1905년, 아인슈타인은 브라운 운동이 꽃가루 알갱이 같은 미세 입자들과 물 분자가 충돌하면서 일어나는 현상이라고 생각했고, 수학적으로 입증해 냈어요.

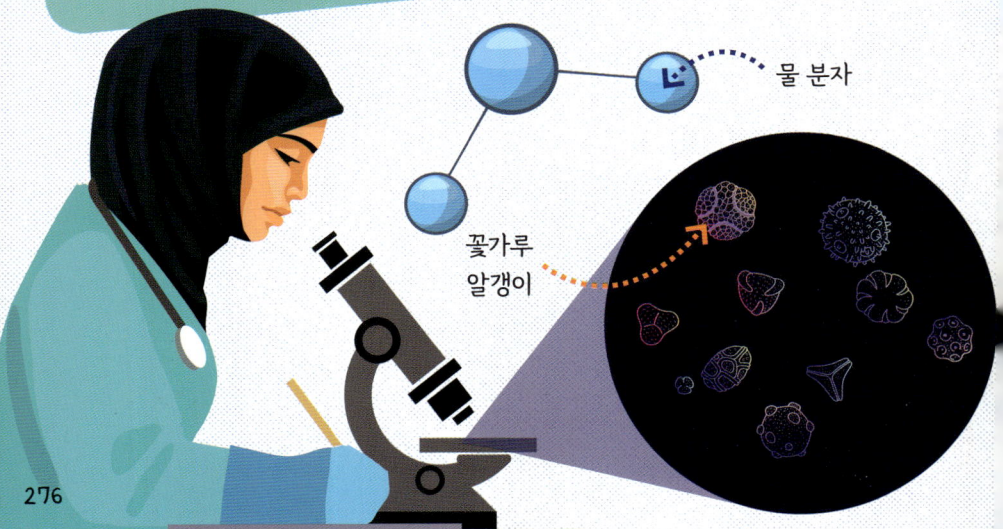

물 분자

꽃가루 알갱이

최초로 미생물을 본 사람은 옷감을 파는 네덜란드 상인이었어요

미생물

작은 생물들

안톤 판 레이우엔훅은 1670년대에 처음으로 숨겨진 세상을 보았어요. 그는 원단의 품질을 확인하기 위해 현미경을 만들었는데, 더러운 연못의 물을 들여다보다가 누구도 본 적 없는 조그만 생물들이 꿈틀거리는 것을 발견했답니다.

분열 식물

지구에 사는 생물은 대부분 작은 단세포 생물로, 현미경으로만 볼 수 있어요. 그런 점에서 인간은 일반적인 유기체는 아니지요.

흙 한 줌에는 세계 인구보다 많은 미생물이 있어요.

우리는 언제나 달의 같은 면만 봐요

태양을 공전하는 지구

지구를 공전하는 달

달의 앞면

달이 한 면만 보이도록 한자리에 서 있는 건 아니에요. 달이 자전하지 않는다면 지구 궤도를 도는 달의 모든 면을 볼 수 있을 거예요. 하지만 달은 자전 주기와 공전 주기가 같아서 언제나 같은 면이 지구를 향하고 있어요.

조석 고정

자신보다 질량이 큰 천체를 공전하는 천체의 공전 주기와 자전 주기가 같을 때, 이를 '조석 고정'이라고 해요. 가까이 있는 두 천체에서 흔히 일어나는 현상이지요.

달의 뒷면

1959년, 소련의 우주선 루나 3호 덕분에 인간은 처음으로 달의 뒷면을 볼 수 있었어요.

낮에도 같은 자리에 있는 별

별과 은하는 낮에 사라지지 않아요!
태양 빛이 너무 밝아서 보이지 않을 뿐이에요.

별이 보이지 않는 하늘

가려진 별

낮에는 하늘을 푸르게 밝히는
태양 빛 때문에 별빛이
묻혀서 보이지 않아요.
도시에서는 밤에도 가로등이나
상점에서 나오는 불빛 때문에
별빛이 잘 보이지 않지요.

굿 모닝, 달님!

달은 낮에도 보일 만큼 밝아요.
해와 달, 그리고 지구가 일직선이
되어서 달을 볼 수 없을 때를
'삭'이라고 하는데, 이날 빼고는
매일 달을 볼 수 있지요.

별이 빛나는 밤

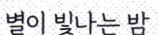

빛은 입자이자 파동이에요

파동이에요!

가시광선은 인간이 볼 수 있는 전자기파예요. 전기장과 자기장을 통해 퍼져 나가지요. 빛(전자기파)은 소리(음파)나 파도(수면파)와 달리 매질을 통해 이동하지 않아요. 그래서 별빛이 진공 상태인 우주를 지나 우리에게 닿는 거예요.

파동으로 이동하는 빛

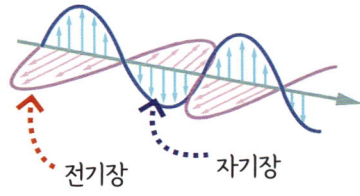

전기장 / 자기장

입자예요!

실험을 통해 빛은 '광자'라는 매우 작은 알갱이 같은 입자들로 이루어져 있다는 사실이 밝혀졌어요. 광자는 아주 작은 총알처럼 빠르게 움직이지요.

그렇다면 빛은 파동일까요? 입자일까요? 둘 다예요!

양자의 세계는 작지만 거대해요

그리고 놀라운 일들이 가득하지요.

양자의 불연속성

'양자'는 더 이상 나눌 수 없는 에너지의 최소 단위를 말해요. 원자보다도 작은 양자의 세계에는 새로운 규칙들이 존재하지요. 보통 에너지는 연속적으로 변하지만, 양자의 에너지는 불연속적으로 변해요. 마치 자전거의 기어를 바꾸면 딸깍하면서 바로 다른 값으로 바뀌는 것처럼요. 양자의 에너지 변화를 그림으로 그리면 연속적인 선이 아니라 계단 모양이 돼요.

양자 에너지

빛이 아원자 입자와 반응하면 덩어리로 나누어져요. 이렇게 쪼개진 광자가 가지는 에너지의 양은 정해져 있어요.

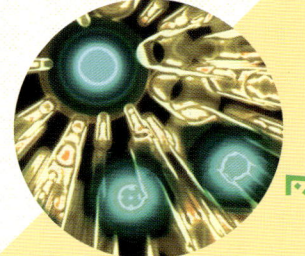

광자

양자 역학

양자 역학은 현대 물리학의 핵심 분야예요.

'양자 얽힘'은 두 개의 입자가 짝을 이룰 때, 한 입자에 일어난 일이 다른 입자에도 영향을 미치는 현상을 말해요.

양자 얽힘은 두 입자가 우주의 반대편 끝에 있더라도 일어나요.

양자의 세계에서는 입자의 위치와 속도를 동시에 알 수가 없어요.

하나의 입자가 동시에 여러 개의 상태로 존재하는 것을 '양자 중첩'이라고 해요.

식물이 광합성을 할 때 에너지가 전달되는
방식도 양자 역학적 현상이에요.

유럽 울새는 지구 자기장을
나침반 삼아 먼 거리를 나는데,
거기에도 양자 역학이 작동한다고 해요.

우리가 아는 세계에서 입자는
자신보다 높은 에너지를 가진 장벽을
지나갈 수 없어요. 자동차가 건물을 뚫을
수 없는 것처럼요. 하지만 양자 역학이
다루는 세계에서는 입자가 장벽을 통과해
장벽 너머에 나타나요. 이것을
'양자 터널링'이라고 해요.

2017년, 중국의 과학자들은 양자 얽힘을 이용해
광자를 지구 표면에서 우주로 순간 이동시켰어요.

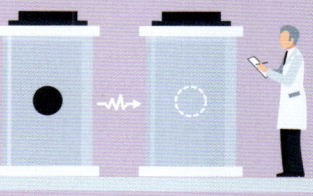

평행 우주에는 또 다른 내가 있을지도 몰라요

평행 우주?
이론상으로는 우리가 사는 우주와 같은 우주가 여러 개 있을지도 몰라요.

몇 개나 될까요?
무한히 많아요. 아직까지 증명할 방법은 없지만 이론이 맞다면 헤아릴 수 없이 많은 우주가 있어요.

우주가 '유니버스'가 아니라면?
'유니(Uni)'는 하나를 뜻해요. 그렇다면 우주는 '멀티버스(multiverse)'일 수도 있지요!

여러 명의 '나'가 있다고요?

지구가 셀 수 없이 많다면
나 역시 셀 수 없이 많을 거예요.
그만큼 어떤 일이든 일어날 수 있지요.
이를테면 평범한 내가 다른 우주에서는
한 나라의 왕일 수도 있어요.

감마선 폭발은 우주 최대의 폭발이에요

1960년대에 발사된 인공위성이 밝혀낸 사실이지요.

번쩍이는 물질

감마선 폭발은 우주에서 오는 어마어마한 에너지 복사가 일으키는 강렬한 섬광으로, 우주에서 일어나는 가장 밝고 강력한 폭발이에요. 짧게는 몇천분의 1초 동안 지속되지만 거대한 별이 죽는 순간을 담고 있어요.

감마선의 빛은 은하 전체보다 100만 배 더 밝아요!

우주에서 쏟아지는 방사선

과학자들은 지금까지 약 7,000번의 감마선 폭발을 발견했어요. 거의 매일 두 번씩 하늘에 섬광이 번쩍인 거예요. 다행히도 지구에 있는 우리에게 위험한 감마선은 대기층이 흡수해 주어요.

물체는 빨리 이동할수록 무거워져요

이 세상에 빛보다 빠르게 움직이는 물체는 없어요.

빛의 속도
초속 29만 9,792km

물체가 빛의 속도보다 빠르게 이동할 수 있다면 현실은 엉망이 될 거예요. 활시위를 놓기도 전에 화살이 과녁에 꽂힐걸요?

E-에너지
m-질량
c-빛의 속도

과학에서 가장 유명한 방정식!

$$E = mc^2$$

이 공식에 따르면 질량과 에너지는 같아요. 빛은 질량이 없기 때문에 그 어떤 물질보다 빠르게 움직여요. 하지만 물질의 입자는 더 빠르게 움직이려면 질량을 얻어 더 많은 에너지를 가져야 하지요. 따라서 물질이 빛의 속도에 이르려면 그만큼의 에너지를 얻기 위해 질량이 상상을 뛰어넘을 만큼 커져야 해요.

매우 빠르게 움직이면 시간이 더 천천히 가요

시간은 누구에게나 똑같지 않지요.

별에서 온 그대

시간은 항상 공평한 것 같지만 속도에 따라 달라져요. 쌍둥이 한 쌍이 있다고 생각해 보세요. 동생은 지구에 머물고 형은 빛에 가까운 속도로 여행해 가까운 별에 가요. 형이 별에서 돌아와 보면 지구에 머물렀던 동생보다 더 젊을 거예요. 우주에서는 빠르게 움직일수록 시간이 느리게 가는데, 빛의 속도로 여행을 다녀온 형에게는 세월이 얼마 지나지 않았기 때문이에요.

알베르트 아인슈타인

이 '쌍둥이 역설'은 아인슈타인의 상대성 이론에 등장하는 가장 신기한 예측 중 하나였어요.

아무것도 블랙홀을 빠져나가지 못해요

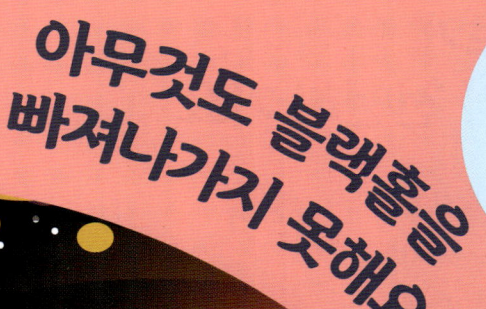

블랙홀에 빠지면 아주 강력한 중력이 여러분을 순식간에 국수처럼 늘여 버릴 거예요!

우주의 구멍

아무도 블랙홀을 직접 보지 못했어요. 빛이 나오지 않으니 보이지도 않거든요. 블랙홀 안에는 너무 많은 물질이 들어 있어서 중력이 엄청나게 강해요.

탈출할 수 없어요

지구의 중력에서 벗어나려면 물체가 초속 11킬로미터로 움직여야 해요. 소리보다 33배 빠른 속도지요. 중력이 훨씬 센 블랙홀의 중력에서 벗어나려면 빛의 속도보다 더 빠르게 움직여야 하는데, 우리 우주에서는 불가능한 일이에요.

중력은 존재하지 않을지도 몰라요

신비한 중력

아이작 뉴턴은 17세기에 중력에 관한 이론을 만들었어요. 덕분에 우리는 우주의 근본적인 힘 중에서 중력에 대해 가장 오래전부터 알고 있었지요. 하지만 우리는 여전히 중력에 대해 많이 알지 못해요. 왜 당기기만 하고 밀지는 않는지, 왜 이렇게 약한지, 왜 양자 물리학의 법칙에 맞지 않는지 지금도 모르지요.

중력은 없다?

몇몇 과학자들은 중력이 온도와 비슷할지도 모른다고 생각해요. 우리는 열을 느끼지만 어떤 개별 입자도 열을 가지고 있지는 않아요. 대신 열은 입자의 운동에서 나와요. 만약 중력이 근본적인 힘이 아니라면 어떨까요? 혹시 입자가 상호 작용하는 중에 발생하는 것이라면요?

중력 작용

아이작 뉴턴

수수께끼 같은 암흑 에너지가 우주를 늘리고 있어요

암흑 에너지는 과학계에서 가장 풀기 어려운 문제예요.

팽창하는 우주

우주는 점점 커지고 있어요. 우주에 포함된 무수히 많은 별의 중력에도 불구하고 점점 더 빠르게 커지고 있지요! 천문학자들도 정확히 설명하지 못하지만, 우리가 알지 못하는 에너지가 중력을 이겨 내고 우주를 팽창시켜요. 이 에너지가 '암흑 에너지'예요.

암흑의 힘

천문학자들의 계산에 따르면 암흑 에너지가 우주의 70퍼센트를 차지해야 중력을 이길 수 있어요. 믿기 어렵지만 우리는 우주의 4분의 3가량을 까맣게 모르고 있는 셈이에요.

우주는 상상할 수 없이 커요

하지만 대부분은 우리가 갈 수 없는 곳이지요.

관측 가능한 우주

우리가 볼 수 있는 우주는 지름이 930억 광년이 되는 커다란 공과 같아요. 모든 방향으로 465억 광년을 뻗어 있는 셈이지요. 하지만 우주는 그 너머에도 펼쳐져 있어요.

숨겨진 우주

우주는 빛의 속도보다도 빠르게 팽창하고 있어요. 우리가 영원히 볼 수 없는 우주도 많아지고 있겠지요.

천문대

더 큰 우주

다양한 가설이 있지만 우주는 우리가 관측할 수 있는 것보다 250배 정도 더 클지도 몰라요.

지구의 종말

미국 워싱턴 D.C.에 위치한 지구 방위 합동 본부(PDCO)는 우주의 위협으로부터 세계를 안전하게 지켜요.

'지구 위협 소행성'은 지름이 140미터 이상이며, 지구에 가까이 올지도 모르는 소행성을 말해요.

지구 방위 합동 본부는 지구에서 800만 킬로미터 이내로 가까워질지 모르는 소행성과 혜성을 감시해요.

가장 최근의 소행성 충돌은 6,500만 년 전으로, 공룡을 멸종시켰어요.

최대 폭이 10킬로미터인 소행성이 1억 년에 한 번씩 지구와 충돌해요.

가까운 항성에서 감마선 폭발이 일어나면 지구가 타 버릴 수 있어요.

일부 과학자들은 블랙홀이 우주의 모든 것을 삼켜 버릴 거라고 믿어요.

약 50억 년 후에는 태양이 죽기 시작할 거예요.

태양은 크게 팽창해 적색 거성이 되면서 태양계 행성들을 흡수해 버릴 거예요.

지구의 표면은 검게 타고 금성처럼 생명이 없는 곳으로 변하겠지요.

겁먹지 마세요!

지구는 언젠가 없어지겠지만, 그때쯤이면 인간은 다른 행성에 살고 있을지도 몰라요.

외계인이 우리에게 메시지를 보냈을까요?

'와우' 신호!

1977년 8월 15일 오후 10시 15분이었어요. 미국 오하이오주 델라웨어의 빅 이어 전파 망원경을 분석하던 제리 이먼은 갑자기 궁수자리 쪽에서 온 전파 신호를 발견했어요. 일반적인 우주 소음보다 30배 이상 컸지요. 흥분한 그는 인쇄된 종이에 '와우(Wow)!'라고 적었어요.

외계 생명체의 신호?

72초간 수신된 이 신호를 외계인이 보냈다고 확신하는 사람들도 있었어요. 2012년, 다큐 채널인 내셔널 지오그래픽은 푸에르토리코의 아레시보 전파 천문대와 함께 와우 신호의 35주년을 기념하여 유명인의 동영상과 1만 건의 트위터가 들어 있는 메시지를 외계에 보냈어요.

빅 이어 전파 망원경

생명체가 거주할 수 있는 행성은 어마어마하게 많을지도 몰라요

너무 뜨거워!

골디락스 존

은하에는 생명체가 존재할지도 모르는 곳이 수없이 많아요. 하지만 인류가 살 만한 곳을 찾으려면 지구와 비슷한 행성을 우선 살펴봐야 하지요. 과학자들은 생명의 근원을 액체 상태의 물로 보아요. 그래서 너무 뜨겁지도 차갑지도 않은 물이 존재하는 행성을 찾으려고 하지요. 이렇게 생명이 살 수 있는 구역을 '골디락스 존'이라고 말해요.

너무 차가워!

딱 적당해!

행성 사냥

나사의 케플러 우주 탐사선은 멀리 떨어진 항성들을 관찰하며 행성을 찾고 있어요. 특히 행성이 항성 앞을 지나갈 때 드리우는 그늘과 항성의 빛이 어떻게 변하는지 살펴요.

케플러 탐사선은 지구와 비슷한 행성을 약 4,500개나 발견했답니다.

결정의 형태가 원자의 구조를 보여 줘요

세계에서 가장 큰 결정은 11미터로, 연필 58개를 늘어놓은 것과 같아요.

무질서의 질서

'결정'은 원자가 일정한 법칙에 따라 규칙적으로 배열된 고체 물질이에요. 결정의 내부 구조는 맨눈으로 확인할 수 없지만, 결정의 표면을 통해 예측할 수 있어요. 결정의 평평한 면과 날카로운 모서리, 각도는 모두 원자의 배열 방식에 따라 달라지거든요.

X선 투시

결정의 구조는 결정에 X선을 투과시켜 확인할 수 있어요. X선이 원자에 반사되어 나오면서 원자 구조를 드러내기 때문이에요.

바이러스는 세균보다 훨씬 작아요

바이러스는 가장 작은 생물이에요.

건강을 훔치는 도둑

바이러스는 혼자 살아남지 못하기 때문에 살아 있는 세포에 침입해 다른 바이러스를 만들어 내요. 세포가 죽으면 세포가 만든 바이러스들이 밖으로 빠져나와 다시 다른 세포들을 감염시키지요. 우리 몸은 바이러스가 들어오면 맞서 싸우려고 하는데, 그 때문에 아프기도 해요. 감기나 독감, 수두, 홍역 모두 바이러스가 일으키는 질병이에요.

우리 몸은 바이러스와 맞서 싸워요.

1. 한 종류의 백혈구가 바이러스를 둘러싸요.

2. 바이러스를 완전히 에워싸고 부숴 버려요.

3. 다른 종류의 백혈구가 항체를 만들어요.

4. 항체는 특정한 바이러스를 감지할 수 있어요.

5. 항체가 바이러스를 발견하면 파괴해요.

기계로 생각을 읽을 수 있을까요?

뇌는 수수께끼 덩어리예요.

생각 읽기

과학자들은 대개 죽은 사람의 뇌만 들여다볼 수 있었어요. 또는 손상된 뇌를 들여다보며 어떤 부분이 잘못되었는지를 찾지요. 이제는 CT와 MRI 기술 덕분에 살아 있는 뇌를 지켜보며 각각의 뇌세포들이 활성화되는 모습을 볼 수 있지요. 하지만 MRI 기계로 사람의 생각을 읽거나 볼 수는 없어요.

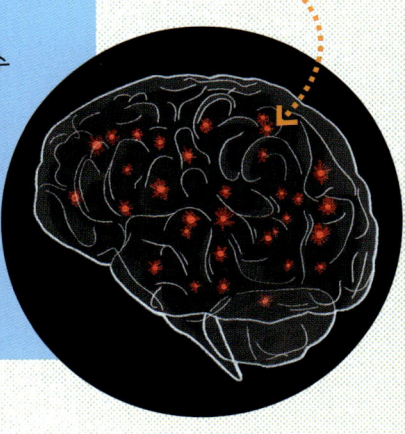

활성화된 뇌세포

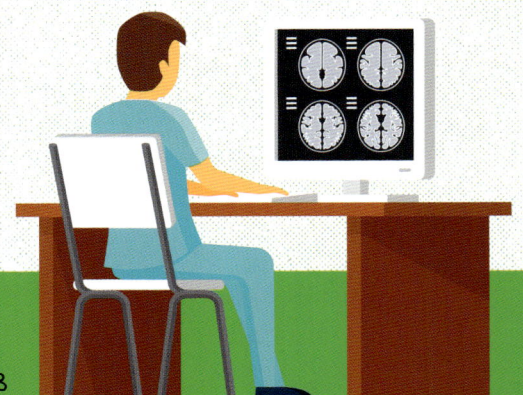

인간의 뇌는 세상에서 가장 복잡한 구조를 가졌어요.

대기 오염은 매우 치명적이에요

눈에 보이지 않는 공기 중의 해로운 입자들이 지구를 오염시켜요.

해로운 기체들

대기 오염 물질은 유독한 기체와 미세한 먼지 입자, 화학 물질 들로 이루어져 있어요. 교통수단, 발전소, 공장, 불, 화학 물질, 페인트 분사 등에서 발생하는 배기가스가 원인이지요. 그런 물질을 오랫동안 들이마시면 폐에 해로운데, 특히 어린이들에게는 매우 치명적이에요.

더러운 도시

이산화질소는 화석 연료를 태우면서 나오는 폐기물로, 주로 자동차와 트럭에서 배출되는 갈색 기체예요.

디젤 자동차는 다른 자동차보다 오염물을 더 많이 배출해요.

참 설명하기 어려운 에너지

에너지는 눈에 보이지도, 손에 잡히지도 않아요.

에너지란 무엇일까요?

'에너지'는 일을 할 수 있는 능력, 또는 어떤 것을 변화시킬 수 있는 능력이에요. 음식물을 섭취하여 몸을 움직여 활동하는 것도 에너지의 효과이지요. 우리는 에너지를 직접 느낄 수는 없지만, 에너지가 움직이거나 다른 에너지로 바뀌는 것은 알아챌 수 있어요.

에너지는 새로 만들어지거나 사라지지 않는다는 '에너지 보존 법칙'은 가장 기본적인 물리학 법칙 중 하나예요.

우리 방이 엉망진창인 이유는 엔트로피가 늘어났기 때문이에요!

에너지의 흐름

'엔트로피'는 자연 상태에서 에너지가 변화하는 방향을 설명하는 개념으로, 흔히 무질서의 정도를 말해요.

에너지는 총량은 변하지 않지만, 자유로이 형태를 바꾸어요. 이때 쓸모나 가치가 없어지는 경우가 많지요. 예를 들어 휘발유가 자동차를 움직이는 운동 에너지로 바뀌는 과정에서 방출되는 열에너지와 매연, 소음은 쓸모가 없어요. 이렇게 에너지가 변할 때마다 엔트로피가 커지는데, 엔트로피는 항상 늘어나기만 하고 줄어들지는 않아요.

내 방 속 엔트로피

여러분의 방을 생각해 보면 엔트로피를 이해하기 쉬워요. 방에 더러운 쓰레기는 늘어만 가고, 정돈되어 있던 책상이 점점 무질서해지지요. 그렇다고 "엔트로피 때문이야!"라며 청소를 미루면 안 돼요.

용어 설명

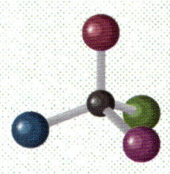

- **균류**
  광합성을 하지 않는 하등 식물을 통틀어 이르는 말이에요.

- **대류**
  물질의 밀도 차이 때문에 열이 이동하는 현상이에요.

- **만유인력**
  질량을 가지고 있는 모든 물체가 서로 잡아당기는 힘이에요.

- **매질**
  음파를 전달하는 공기처럼 파동이나 물리적 작용을 한 곳에서 다른 곳으로 옮겨 주는 매개물이에요.

- **반도체**
  전기가 잘 통하는 도체와 통하지 않는 부도체의 중간적인 성질을 가지고 있어서 특정한 조건에서만 전기가 흘러요.

- **분자**
  2개 이상의 원자들이 화학 결합을 통해 이루어진 입자로, 물질의 화학적 형태와 성질을 잃지 않고 분리될 수 있는 가장 작은 입자예요.

- **아원자 입자**
  원자보다 더 작은 입자예요. 원자핵, 양성자, 전자, 광자 따위가 있어요.

- **양이온**
  화학 반응의 결과로 전자의 이동이 일어날 때 전자를 잃어서 양전하를 띠게 되는 이온이에요.

- **원소**
  물질을 이루는 가장 기본적인 성분으로, 한 종류의 원자로만 구성된 순물질을 원소라고 해요.

- **원자로**
  핵 반응을 일으켜서 에너지를 얻는 장치예요.

- **적도**
  지구를 북반구와 남반구로 나누는 가상의 선이에요.

- **전하**
  물체가 띠고 있는 정전기의 양을 말해요. 음전하와 양전하가 있지요.

- **풍화**
  암석이 햇빛, 공기, 물, 생물 등의 영향을 받아 서서히 파괴되거나 분해되는 현상이에요.

- **현수교**
  기둥과 기둥 사이에 쇠사슬을 가로질러 놓고, 그 쇠사슬에 상판을 매달아 놓은 다리예요.

- **호르몬**
  내분비샘에서 만들어져 혈액을 타고 조직이나 장기로 전달되는 화학 물질이에요.

알아두면 쓸모 있는 초등학생을 위한 과학 사전
아는 만큼 보이는 과학 500

처음 찍은 날 | 2024년 3월 5일
처음 펴낸 날 | 2024년 3월 25일

글쓴이 | 댄 그린
옮긴이 | 서나연

펴낸이 | 김태진
펴낸곳 | 다섯수레
기획편집 | 김경희, 김시완, 김미희, 서해나, 유슬기
디자인 | 김다윤
마케팅 | 이운섭
제작관리 | 김남희

등록번호 | 제3-213호   등록일자 | 1988년 10월 13일
주소 | 서울특별시 마포구 동교로15길 6 (우 04003)
전화 | (02) 3142-6611
팩스 | (02) 3142-6615
인쇄·제본 | ㈜로얄 프로세스, ㈜상지사 P&B

ⓒ 다섯수레, 2024

ISBN 978-89-7478-473-7 74400
ISBN 978-89-7478-468-3 (세트)